CB136233

GRÁTIS 30 DIAS GRÁTIS

Na Ubook você tem acesso a este e outros milhares de títulos para ler e ouvir. Ilimitados!

Audiobooks Podcasts Músicas Ebooks Notícias Revistas Séries & Docs

Junto com este livro, você ganhou **30 dias grátis** para experimentar a maior plataforma de audiotainment da América Latina.

Use o QR Code

OU

1. Acesse **ubook.com** e clique em Planos no menu superior.
2. Insira o código **GOUBOOK** no campo Voucher Promocional.
3. Conclua sua assinatura.

ubookapp ubookapp ubookapp

ubook
Paixão por contar histórias

Kyle M.K.

A ECONOMIA DA EMOÇÃO

COMO A INTELIGÊNCIA EMOCIONAL PODE REVOLUCIONAR O SEU NEGÓCIO

TRADUÇÃO
UBK Publishing House

ubook UBK Publishing House

Copyright © 2018 Kyle M.K.
Copyright da tradução © 2021, Ubook Editora S.A.

Publicado mediante acordo com DropCap Rights Agency. Edição traduzida do livro *The Economics of Emotion: How to Build a Business Everyone Will Love* publicado por Lioncrest Publishing.

Todos os direitos reservados. Nenhuma parte deste livro pode ser utilizada ou reproduzida sob quaisquer meios existentes sem autorização por escrito dos editores.

ubook UBK Publishing House

COORDENAÇÃO Alessandra Brito
EDIÇÃO Viviane Rodrigues e Fernanda Barreto
COPIDESQUE Christian Danniel
REVISÃO Fernanda Lutfi e Carol Maganhi
CAPA Nathália de Morais
DIAGRAMAÇÃO Bruno Santos

Dados Internacionais de Catalogação na Publicação (CIP)
(Câmara Brasileira do Livro, SP, Brasil)

MK, Kyle
A economia da emoção : como a inteligência emocional pode revolucionar o seu negócio / Kyle M.K. ; tradução UBK Publishing House. -- 1. ed. -- Rio de Janeiro : Ubook Editora, 2021.

Título original: Economics of emotion : how to build a business everyone will love
ISBN 978-65-5875-136-6

1. Administração de empresa 2. Economia 3. Emoções - Administração 4. Inteligência emocional 5. Negócios e economia 6. Psicologia comportamental 7. Sucesso nos negócios I. Título.

21-60289 CDD-658.4

Ubook Editora S.A
Av. das Américas, 500, Bloco 12, Salas 303/304,
Barra da Tijuca, Rio de Janeiro/RJ.
Cep.: 22.640-100
Tel.: (21) 3570-8150

Para minha mãe.
Você não estava aqui para ver tudo terminado, mas esteve comigo em cada passo do caminho.

SUMÁRIO

PREFÁCIO

UM LIVRO DE NEGÓCIOS DIFERENTE

As pessoas que leem muitos livros de negócios vão achar este um pouco diferente... este começa com uma percepção que eu tive há alguns anos.

Todos os negócios são formados por pessoas. A maioria dos negócios existe para servir às pessoas. Os produtos e serviços com os quais interagimos o dia todo, todos os dias, foram criados por pessoas. Nossas camas e travesseiros também. Nossos pisos foram criados por alguém para oferecer conforto e estabilidade, nossas portas de banheiro e escovas de dentes, nosso telefone, nossos aplicativos meteorológicos favoritos, nossas cafeteiras, nossos carros, as estradas, os cartões de acesso de nossos edifícios de escritórios, nossos computadores, as ferramentas que usamos para fazer nosso trabalho, e até mesmo nossos ambientes de trabalho. Cada um foi meticulosamente desenvolvido por pessoas para pessoas.

Os negócios têm um impacto inevitável e tremendo sobre a experiência humana, porque eles constituem uma grande parte da experiência humana moderna, resultando em bilhões de interações *todos os dias.*

Imagine se sua cama estivesse muito quente e o fizesse suar, ou se seu piso rangesse alto a cada passo. Se as cerdas da sua escova de dentes partissem em sua boca, se seu telefone não carregasse durante a noite, se o aplicativo meteorológico ficasse sem resposta, se seu café não fosse filtrado, se seu carro não ligasse, se você caísse em um buraco, se o cartão de acesso tivesse que ser passado algumas vezes para entrar no prédio, se seu computador levasse duas horas para atualizar, ou se seu escritório ficasse muito frio. Cada interação proporciona breves, mas poderosos, engajamentos emocionais que contribuem para o seu humor de forma geral ao longo do dia.

E se, em vez de criarem com base em características, as empresas deliberadamente criassem levando em consideração os sentimentos? *Elas poderiam melhorar a experiência humana?*

O PODER DA EMOÇÃO

Observei que as emoções humanas estão na base de todos os nossos trabalhos, grandes e pequenos, bons e ruins, os pessoais e os aparentemente impessoais. Emoções lançaram foguetes, construíram nações, inventaram novas tecnologias e criaram comunidades. Este é um livro sobre emoção porque, em minha vida, espero contribuir significativamente para o sucesso e a sobrevivência a longo prazo da humanidade, explorando novas maneiras de entender e de trabalhar de forma mais gentil uns com os outros. Acredito que o estudo de como os seres humanos usam e respondem à emoção detém a chave para a compaixão global.

Este é também um livro de negócios, porque eles englobam algumas das formas mais proeminentes com as quais trabalhamos e servimos uns aos outros. Aqui vou compartilhar o que aprendi por meio do trabalho e do estudo de algumas das empresas mais admiradas, como Apple, Disney e Ritz-Carlton. Essas empresas tiveram sucesso na criação de felicidade em escala, construindo comunidades de clientes e funcionários apaixonados enquanto permanecem no topo de suas respectivas indústrias. E meu objetivo é ensinar aos outros como elas usaram a emoção para fazer isso.

ESTABELECENDO EXPECTATIVAS

Como você aprenderá nos próximos capítulos, gosto muito de definir expectativas; acredito que elas fornecem tempo suficiente para que alguém se prepare emocionalmente ou, caso contrário, para a viagem que estão prestes a embarcar. Então, deixe-me explicar como este livro está estruturado.

PARTE I
O tempo é tudo. Minha mãe, a quem este livro é dedicado, sempre acreditou que tudo acontece por uma razão. Eu não diria que ela era excessivamente religiosa ou acreditava em destino; em vez disso, ela entendia que as experiências, tanto boas quanto ruins, nos preparam para desafios e oportunidades que enfrentaremos no futuro. Era a versão dela de "encerar, polir" do filme *Karatê Kid*. Muitas histórias pessoais foram reunidas aqui e, sem essas experiências, este livro não existiria. A Parte I mostra todos os antecedentes de como a Economia da Emoção "se apresenta", o que me inspirou a escrever este livro e por que este é o momento perfeito em nossa história para lançá-lo.

PARTE II
Emoção é um assunto amplo e complexo o suficiente para publicar inúmeros livros e artigos. Esta obra tenta destilar este assunto complexo em apenas dois capítulos. O resultado? Uma breve, um tanto seca, explicação das cinco emoções básicas, como elas variam em intensidade, seus efeitos sobre nós e como reconhecê-las nos outros. No entanto, a menos que você seja um psicólogo, recomendo vivamente que absorva o máximo que puder sobre a ciência da emoção antes de aprender como usá-la para desenvolver uma marca querida.

PARTE III
Depois de conhecer os princípios básicos da emoção, você estará pronto para usá-los em seus negócios. A Parte III examina o impacto que a emoção tem nos negócios e demonstra como usá-la para ganhar a

lealdade de clientes e funcionários por meio do propósito de sua empresa, seu estilo de liderança, cultura empresarial, seus produtos e serviços e a experiência geral do cliente. Esse é o prato principal da obra. Outros livros de negócios alegarão que melhores produtos e processos são as chaves para o sucesso. Aqui é diferente. Será provado que o sucesso vem ao enriquecer a vida das pessoas: seu mais importante recurso.

PARTE I

UMA BREVE HISTÓRIA

CAPÍTULO UM

COMO CHEGAMOS AQUI

Uma vez que uma fotografia da Terra, tirada de fora dela, torna-se disponível... uma nova ideia tão poderosa quanto qualquer outra na história será liberta.

— SIR FRED HOYLE, ASTROFÍSICO BRITÂNICO
E AUTOR DE FICÇÃO CIENTÍFICA, 1948

A fotografia mais importante da história da humanidade foi tirada por William Anders na véspera do Natal de 1968. A foto, mais tarde chamada de *Nascer da Terra*, foi capturada não muito tempo depois que os primeiros humanos orbitaram a lua.

Na foto, a Terra aparece levantando-se acima da desolação cinza da superfície lunar e, quando Anders compartilhou-a com a NASA, suas palavras foram: "A vasta solidão é inspiradora, e isso faz você perceber o que há lá na Terra". Foi preciso uma viagem de 383 mil quilômetros para a humanidade testemunhar diretamente os verdadeiros limites de seu domínio.

Esta fotografia, como sir Fred Hoyle havia previsto vinte anos antes, libertou novas ideias tão poderosas quanto qualquer outra na história. Do espaço, a Terra não se parece com um mapa, não mostra países em uma variedade de cores e não tem contornos para os territórios. É apenas um planeta com terra, água e vida. Como resultado, *Nascer da Terra* foi creditada como o nascimento do movimento ambiental. Pessoas começaram a levar a sério palavras como "ecossistema", foram criadas organizações como Médicos Sem Fronteiras e a conservação dos oceanos de repente tornou-se uma pauta relevante.

Esta única fotografia provocou um novo sentimento nas pessoas. Algo que só os astronautas descreveram quando viram a Terra à distância. É um sentimento chamado pelo autor Frank White de "efeito de visão geral", que descreve o momento no qual você, de repente, vê o panorama total. Quando você percebe que é uma pequena parte de um todo maior; quando a humanidade não se sente mais segregada, mas unida no pálido ponto azul que todos nós chamamos de lar.

Este livro representa mais de uma década de leitura, observação, pesquisa e trabalho, mas tudo começou com um cartaz de *Nascer da Terra* que eu tinha no meu quarto quando era criança. Eu olhava para essa foto quase todos os dias, perguntando-me se *eu* poderia contribuir com uma ideia que seria tão poderosa quanto qualquer outra na história.

BURACOS EM UMA CERCA

Percebi pela primeira vez o poder das emoções através de minha mãe. Quando eu tinha cerca de 12 anos, ela me contou uma história sobre buracos em uma cerca. Um relato que mudou profundamente minha visão sobre o mundo e como eu atuo dentro dele.

Como acontece com a maioria dos pré-adolescentes, eu tive problemas para conter e comunicar minhas emoções. Quando me sentia triste eu me isolava e fechava a cara. Quando estava feliz, me agitava com energia e empolgação. Ao sentir raiva, gritava com qualquer um que me incomodasse.

Um dia, depois de ter gritado com minha mãe, ela me fez sentar e contou a história dos buracos na cerca. Talvez você já a tenha ouvido:

> Era uma vez um garotinho que tinha um mau temperamento. Sua mãe lhe deu um saco de pregos e lhe disse que toda vez que ele perdesse a calma, ele tinha que martelar um prego na parte de trás da cerca. No primeiro dia, o garoto pregou 37 pregos na cerca. Nas semanas seguintes, à medida que aprendia a controlar sua raiva, o número de pregos martelados diariamente diminuía. Ele descobriu que era mais fácil controlar seu temperamento do que prender aqueles pregos na cerca.
>
> Finalmente, chegou o dia em que o garoto não perdia a calma de forma alguma. Ele contou à mãe sobre isso e ela sugeriu que o menino agora puxasse um prego para cada dia que ele fosse capaz de manter a calma. Os dias passaram e o garoto pôde, enfim, dizer à sua mãe que todos os pregos tinham sido removidos.
>
> A mãe pegou seu filho pela mão e o levou à cerca. Ela disse:
>
> —Você se saiu bem, mas olhe para os buracos. A cerca nunca mais será a mesma. Quando você diz coisas com raiva, deixa um buraco igual a este. Não importa quantas vezes diga "sinto muito", a ferida ainda estará lá.

No momento em que ela terminou a história, eu comecei a entender que as emoções são a força motriz por trás de nossas ações, boas e ruins. Quando criança, me sentia bem ao desabafar o que me incomodava gritando, mas, até aquele momento, eu nunca havia considerado como minhas emoções afetavam as emoções e os comportamentos dos outros.

A EVOLUÇÃO DAS PESSOAS

Esta constatação levou ao meu profundo interesse por psicologia comportamental no ensino médio. Nessa época, passei muito tempo observando as reações de meus colegas de classe aos momentos altos e baixos da vida. Lembro-me de ter notado como as pessoas lidavam com tragédias, como a morte de um colega de classe, e de como comemoravam uma vitória, como ganhar um campeonato estadual. Sobretudo, observei que *como* uma mensagem era comunicada parecia ter um efeito maior sobre o destinatário do que o *que* estava sendo comunicado.

Quando me formei, já havia me deparado com textos do filósofo Alan Watts, que ensina sobre a ilusão do isolamento humano. Ele fala sobre a crença egoísta de que o que está dentro do corpo *sou eu*, e o que está fora do corpo *não sou eu* — uma atitude que ele chama de "ego encapsulado na pele". Estamos muito ligados ao mundo fora de nossa pele, diz Watts, para reivindicar esse tipo de separação narcisista.

Ao mesmo tempo, descobri a obra de Peter Russell, que escreve sobre a crescente complexidade da biologia evolutiva. Parafraseando Russell, a evolução tem levado o cérebro humano a este ponto crucial de complexidade, um ponto em que ele tem a inteligência de olhar para si mesmo e estudar suas próprias origens e seu funcionamento interno.

Essa constatação me fez paralisar. Nossas mentes haviam se desenvolvido nesses organismos sencientes ao longo de bilhões de anos, mas, nos últimos cem mil anos ou mais, elas pareciam ter chegado ao fim de seu caminho evolutivo. Foi esse o ato final da evolução humana? Há outro lugar para onde crescer?

de nos aprofundarmos no *que* provoca uma emoção, vamos classificar *como* as emoções são provocadas.

DIRETA/INDIRETAMENTE

Gatilhos diretos afetam nosso comportamento e nosso humor de forma imediata e óbvia. Não há etapas entre o gatilho e nossa resposta emocional a ele. Por exemplo, quando alguém nos diz que gosta de trabalhar conosco, essa pessoa está diretamente causando felicidade ou orgulho.

Gatilhos indiretos têm um efeito acidental em nossas emoções. Se você descobrir que alguém que conhece foi promovido, você pode se sentir feliz por essa pessoa, mas ela não recebeu a promoção para *fazer* você feliz.

CONSCIENTE/INCONSCIENTEMENTE

Gatilhos conscientes exigem seu foco. Se não estiver prestando atenção, então o gatilho não terá um efeito em você. Por exemplo, se não assistir ao filme *A Corrente do Bem*, então ele não poderá lhe fazer chorar.

Gatilhos inconscientes estão em segundo plano. O clima é um perfeito gatilho inconsciente porque, muitas vezes, afeta o humor das pessoas sem que elas se deem conta disso.

INTERNA/EXTERNAMENTE

Gatilhos internos vêm de nossos pensamentos ou memórias e não estão ligados a nada fora de nós mesmos. Por exemplo, pensar em tirar férias longas pode deixá-lo feliz.

Gatilhos externos são fornecidos pelo ambiente que o cerca. Sem seus cinco sentidos, você não seria estimulado por fatores externos.

POSITIVA/NEGATIVAMENTE

Gatilhos positivos encorajam ou intensificam certas emoções. Comprar um presente para alguém em seu aniversário estimula a pessoa a ter um dia agradável.

Gatilhos negativos amenizam certas emoções. Enviar flores a alguém num dia ruim é uma tentativa de *reduzir* sua tristeza ou frustração.

Há muitas maneiras de provocar uma emoção, e saber *como* é a metade da batalha. A seguir, vamos explorar quais tipos de gatilhos temos à nossa disposição.

COMO AS EMOÇÕES SE INTER-RELACIONAM

Como mencionei anteriormente, os gatilhos emocionais vêm em todas as formas e tamanhos; podem ser sinais visuais ou auditivos, o toque físico de um objeto, uma situação social, o sabor de um alimento, seu ambiente ou até mesmo a emoção de outra pessoa. Pode ser difícil prever exatamente qual gatilho causará determinada emoção, mas ainda podemos falar de forma ampla sobre o que é comumente necessário para provocar certa emoção em alguém. Para começar, vamos nos concentrar nas interações entre humanos.

De modo geral, as emoções positivas provocam outras emoções positivas, e as negativas provocam outras emoções negativas. Se você traz alegria para uma situação, outros provavelmente responderão com um tipo de felicidade e positividade. Raiva geralmente gera raiva, nojo geralmente gera nojo, medo gera medo e tristeza gera tristeza.

Agora, também é verdade que cada emoção tem a capacidade de provocar um sentimento completamente diferente nos outros. Sua expressão de raiva pode trazer repulsa a outra pessoa. Sua tristeza pode provocar medo ou, em situações muito específicas, alegria. Mas, na maioria dos casos, não é tão complicado. Normalmente, uma troca de emoção é pela mesma emoção, ou por uma relacionada de forma íntima a esta, em outra pessoa. Aqui está um mapa que desenhei para mostrar de modo geral quais emoções provocam quais emoções.

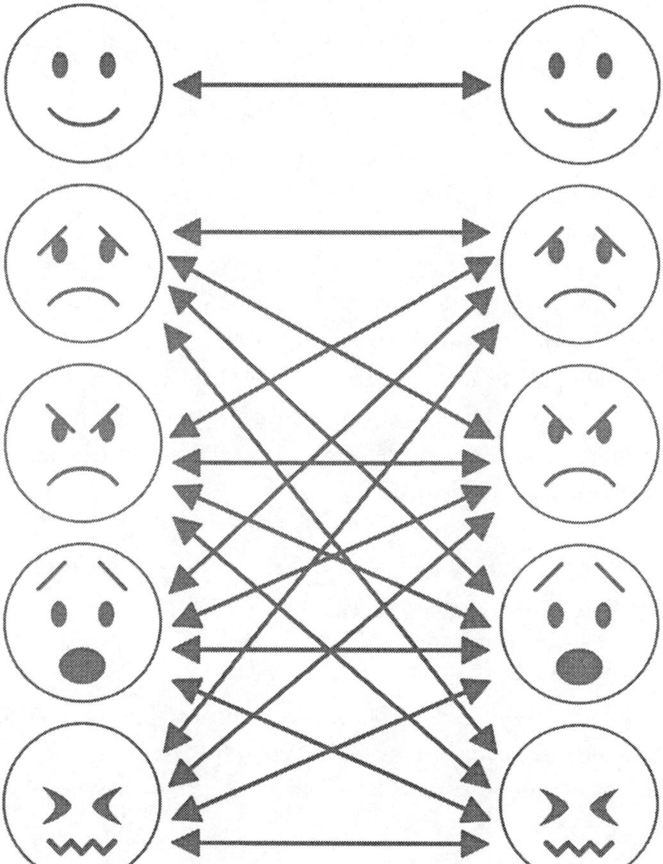

UM PARA UM E UM PARA MUITOS

Dia após dia, compartilhamos incontáveis trocas emocionais com outras pessoas — às vezes de um para um e às vezes de um para muitos.

Nas trocas de um para um, é fácil ler as emoções da outra pessoa e perceber como ela está respondendo à nossa conversa em tempo real. A atenção pessoal nos permite reajustar nossas mensagens e tons, se necessário, à medida que continuamos a conversar. Algumas pessoas são boas nisso, e outras são realmente ruins — você provavelmente conhece os dois tipos. Em qualquer caso, esta forma de ajuste de momento a momento torna-se muito mais difícil com um grupo de pessoas. Um orador público ou um político pode ser capaz de escolher indivíduos em meio a uma multidão e avaliar se alguém se sente desconfortável ou entretido, mas, se o orador não consegue enxergar bem a audiência, torna-se difícil se ajustar pela "leitura da multidão".

Em uma interação um a um, você poderia sugerir que o feedback emocional é dividido em 50/50 de pessoa para pessoa, onde reajo tanto quanto recebo. Em uma situação de falar em público, é mais como 80/20, com o orador fornecendo oitenta por cento da emoção e recebendo apenas vinte por cento de volta do público. Já se perguntou por que comediantes, palestrantes, políticos, mestres de cerimônia, entre outros, sempre perguntam "Como estão se sentindo hoje?" É porque eles literalmente não têm como saber.

ESTIMULANDO EMOÇÕES COM COISAS

Embora as emoções sejam em grande parte provocadas por outras emoções nas interações entre pessoas, elas também podem ser estimuladas por outras coisas como filmes, músicas, cachorros, festas, o sabor do chocolate, ou até mesmo a sua cadeira. Há tantas coisas que provocam emoções que é impossível listar todas aqui.

Vamos nos aprofundar ainda mais em como os objetos afetam nosso estado de espírito no capítulo sete, quando discutirmos o desenvolvimento de produtos e serviços para a emoção. Mas, antes de seguir em frente, é importante notar que nem todos os gatilhos garantem a mesma resposta em todos. Na verdade, algo como um prazo apertado pode causar ansiedade em uma pessoa e orgulho em outra, dependendo de suas experiências passadas ou circunstâncias atuais.

No entanto, os gatilhos emocionais podem se complicar e afetar um grande número de pessoas de uma só vez, o que não significa que seja impossível desenvolver nossas conversas, cultura, eventos ou produtos para fazer as pessoas felizes. Só é preciso um pouco de esforço... e este livro.

A ECONOMIA DA EMOÇÃO

Parabéns, você conseguiu passar pelo meu curso intensivo! Agora vamos aplicar nosso conhecimento de emoção ao assunto da economia.

A maioria das pessoas está familiarizada com o conceito de economia. De fato, milhares de livros, notícias e artigos publicados tratam desse tema a cada ano. Eles frequentemente incluem tópicos como estratégia de precificação, tendências comerciais, aumento de crédito, financiamento de dívidas, escassez e excesso, recessões, inflações e outras transações envolvendo dinheiro e minerais.

Mas a disciplina de economia não é reservada a finanças. É um campo de estudo muito mais amplo, que examina tendências históricas, interpreta os eventos atuais e especula sobre resultados futuros. Isso nos ajuda a entender como nós produzimos, aplicamos e consumimos nossos recursos.

Acontece que existe um sistema econômico inexplorado, que acredito estar operando há milênios, e persiste sendo a força motriz por trás dos eventos e realizações mais notáveis da humanidade. Eu o chamo de Economia da Emoção. A premissa é simples: as emoções são constantemente produzidas, aplicadas e consumidas. Ao contrário do dinheiro, nós não trocamos emoções por bens e serviços, você não pode usar um sorriso para comprar um carro, embora pudesse tentar. Porém, da mesma forma que o dinheiro, usamos a emoção como um incentivo para provocar os resultados que queremos e afetar o comportamento dos outros.

Quer estejamos zangados ou tristes, felizes ou com medo, nossas emoções são recebidas por outros e os motivam a manter ou mudar seu comportamento. Da mesma forma, reconhecemos os comportamentos e as emoções dos outros e reagimos com nossas próprias respostas emocionais, como se estivéssemos em uma transação.

Essas trocas emocionais acontecem o dia todo, todos os dias, às vezes sem que nos demos conta. Elas afetam nossas relações, comportamentos, ética de trabalho e até mesmo nossos hábitos de consumo. Na verdade, pode-se dizer que essas trocas emocionais *impulsionam* nossas vidas financeiras, resultando na *primeira moeda universal do mundo*, um recurso no qual todos têm participação acionária. Além disso, essas transações de emoção podem ser analisadas, refinadas e usadas em benefício dos negócios e de todos.

Quando você começar a olhar, verá provas de que a Economia da Emoção tem se escondido à vista de todos desde sempre.

CAPÍTULO TRÊS

AS EMOÇÕES BÁSICAS

As pessoas são infinitamente complexas, e as emoções não são preto no branco. Mas se eu tentasse incluir todas as emoções que sentimos dentro deste livro, ele nunca seria publicado. Mesmo em *The Book of Human Emotions* ("O Livro das Emoções Humanas", em tradução livre), a autora Tiffany Watt Smith publicou uma lista de apenas 154 estados emocionais distintos. Mas, é claro, uma lista de 154 emoções nem sequer começa a arranhar a superfície da sutileza dos sentimentos que geramos todos os dias. Seria como dizer que existem apenas 154 cores; é uma simplificação excessiva de infinitas possibilidades.

Em vez de tentar provocar todas as nuances de emoções, vamos simplificar o assunto dos sentimentos, distinguindo entre "emoções" e "emoções básicas". Você pode pensar nas emoções básicas como cores primárias; elas são de natureza distinta, mas podem ser misturadas e intensificadas para formar infinitas combinações de tonalidades, matizes e níveis de luminosidade.

No fim dos anos 1960, os psicólogos dr. Paul Ekman, Carrol Izard e Silvan Tomkins se propuseram a determinar se as comunicações não verbais, especificamente as expressões faciais, eram universais ou culturalmente variáveis. Seus estudos (que os levaram a lugares variados como Papua-Nova Guiné, Japão, Argentina, Estados Unidos e a antiga União Soviética) confirmaram a teoria de Darwin de que algumas expressões faciais eram universais.[1] Essa foi uma descoberta dupla. No processo de aprendizagem de quais expressões faciais todos nós compartilhamos, eles descobriram cinco emoções básicas que são sentidas universalmente por todos, independentemente da cultura, e que formam a base para *todos* os estados emocionais.

As cinco emoções básicas são:

1. alegria;
2. tristeza;
3. raiva;
4. medo; e
5. nojo.

Há uma sexta emoção considerada fundamental, mas nós vamos falar sobre ela mais tarde, por enquanto, continuará sendo uma surpresa. Enquanto isso, vamos passar por cada emoção básica e como elas nos afetam.

1. Paul Ekman e Wallace V. Friesen, "Constants Across Cultures in the Face of Emotion", *Journal of Personality and Social Psychology* 17, n. 2 (1971): 124–129.

NEGATIVAS x POSITIVA

Você pode se perguntar por que quatro são negativas e apenas uma é positiva. A razão é que cada emoção negativa expressa algo único: a tristeza é muito diferente da raiva, e o medo é muito diferente do nojo. Como Tolstói escreveu na famosa primeira linha de Anna Karenina: "As famílias felizes são todas iguais. Cada família infeliz é infeliz à sua própria maneira".

Nossa única emoção básica positiva, a alegria, é abrangente. Felicidade, deslumbramento e excitação — mesmo os condutores do amor — vão se encaixar na categoria expansiva de alegria. A alegria se divide em um número infinito de subemoções que provêm da emoção básica, cobrindo um amplo espectro de sentimentos positivos, desde contentamento à euforia.

A relação de quatro para um entre as emoções básicas negativas e a positiva serve para nos lembrar de que a mente humana pode facilmente encontrar o mau ou o negativo em qualquer situação; é necessário alguém especial para encontrar um lado positivo em tempos sombrios.

ALEGRIA

A alegria é um estado de bem-estar que engloba todos os aspectos positivos ou emoções agradáveis resultantes de experiências, tanto novas quanto familiares. Como disse C.S. Lewis: "...qualquer um que a tenha sentido (a alegria) vai querer isso novamente".[2]

2. C.S. Lewis, *Surpreendido pela Alegria* (Nova York: HarperCollins, 2017).

A EVOLUÇÃO DA ALEGRIA

Desde o início, a alegria tem sido o maior desejo da humanidade. Desde a liberação química até o conforto emocional que ela proporciona, a alegria sempre esteve lá para nos dizer o que é bom para nosso bem-estar físico, mental e social. Nossos ancestrais se cercavam de outras pessoas que lhes proporcionavam felicidade como uma forma de permanecerem firmes, seguros e bem-sucedidos.

Até os pais fundadores dos Estados Unidos sabiam que a alegria era a chave para uma nação melhor, e por isso a colocaram na Declaração da Independência como um direito inalienável, ao lado da vida e da liberdade.

Hoje, ainda usamos a alegria para identificar quem e o que queremos ao nosso redor. Também passamos muito tempo pensando em novas maneiras de senti-la, impulsionando o conhecimento e os recursos que nossos antepassados nunca deixaram de lado.

O ESPECTRO DA ALEGRIA

Cada emoção que sentimos cai em um espectro pertencente a uma das cinco emoções básicas. O dr. Paul Ekman, sua filha dra. Eve Ekman, e o Dalai Lama criaram um site notável, chamado Atlas of Emotions ("Atlas das Emoções"), dedicado a esses espectros. Você mesmo pode visitá-lo em atlasofemotions.org. O site explora cada uma das cinco emoções básicas, dividindo-as em subemoções, e depois as expõem em um espectro de intensidade.

O prazer sensorial, por exemplo, é uma menor intensidade de alegria. Isso se refere a algo que tem gosto bom, cheira, soa ou está visivelmente bem. No extremo oposto do espectro, a sensação mais intensa de alegria é o êxtase, um estado em que você simplesmente não se cansa de ter uma experiência. Regozijo, alívio, *schadenfreude*[3], orgulho, admiração e excitação preenchem o meio do espectro da alegria.

---

3. *Schadenfreude* (*alegria ao dano*) é um empréstimo linguístico da língua alemã para designar o sentimento de alegria ou satisfação perante o dano ou infortúnio de um terceiro. A palavra deriva do alemão *Schaden* ("dano", "prejuízo") e *Freude* ("alegria", "prazer").

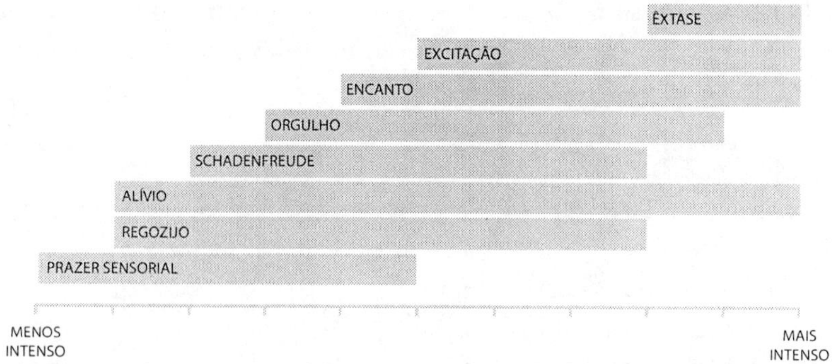

Algumas emoções alegres cobrem uma ampla gama no espectro. O alívio, por exemplo, cobre a maior parte do eixo devido às suas intensidades variáveis, você pode sentir pequenas ou grandes quantidades de alívio. Recuperar um conjunto de chaves que pensava ter perdido traz um tipo de alívio muito diferente do que descobrir que seu câncer está em remissão.

PROVOCANDO ALEGRIA

Todas as cinco emoções básicas são bastante fáceis de ser provocadas, mas não há outra emoção básica tão gratificante quanto a alegria. Como eu disse no último capítulo, há muitas maneiras de estimular uma emoção, e com a alegria não é diferente.

Uma maneira muito comum de estimular a alegria em alguém diretamente é fazê-lo rir:

— Conhece a piada do "não, nem eu"?
— Não.
— Nem eu!

De maneira alternativa, algo tão simples como ver uma foto antiga de família, ou sentir o cheiro de biscoitos recém-assados, pode provocar alegria *indiretamente*.

Quando começa a perceber quantas coisas podem provocar alegria, você se torna mais preparado para criar um ambiente mais alegre para os outros de forma intencional.

RECONHECENDO A ALEGRIA

De acordo com Paul Ekman, a alegria é provavelmente a emoção mais fácil de reconhecer nos outros.[4] Por quê? Porque quase sempre está acompanhada de um sorriso genuíno.

Você pode distinguir um sorriso genuíno de um falso porque os cantos dos lábios puxam para cima e os músculos ao redor dos olhos se apertam; quase parece que a pessoa está se tentando ler algo de longe. Se alguém sorri apenas com a boca, é provável que essa pessoa não esteja sentindo a verdadeira alegria; quando seu rosto inteiro está envolvido, ela é genuína. O riso também significa alegria verdadeira.

NEUTRO

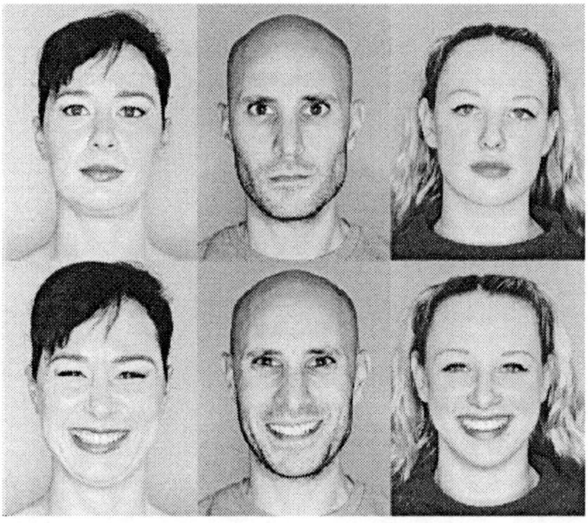

ALEGRIA

4. Paul Ekman e Harriet Oster, "Facial Expressions of Emotion", *Annual Review of Psychology* 30 (1979): 527–554.

As pessoas alegres são frequentemente abertas em sua linguagem corporal. Seus braços não ficam cruzados e suas cabeças ficam para cima. Se elas cobrem suas bocas, provavelmente é porque seus sorrisos as deixam envergonhadas. Por exemplo, você pode dizer quando o apresentador Jimmy Fallon está rindo de forma genuína porque ele normalmente cobre sua boca.

As pessoas mais felizes também são as mais abertas a conversa e a conexões. Quando você está em um bom dia e pega o metrô, pode de fato dar atenção a alguém jogando conversa fora. Em um dia ruim, pode colocar seus fones de ouvido e ignorar os outros completamente.

Pense nas vezes em que se encontra perto de alguém que está tendo um grande dia, a pessoa fica reluzente. Apenas estar perto de alguém assim faz você se sentir bem porque a *felicidade é contagiosa.*

ALEGRIA NOS NEGÓCIOS

É surpreendente como raramente as empresas tentam provocar alegria. Claro, a maioria das interações são agradáveis, mas quantas vezes ao dia um negócio tenta conscientemente fazer com que você fique feliz? Parece senso comum para equipes se reunir e criar maneiras de estimular a alegria, porém, por alguma razão, a maioria delas não estimula esse sentimento. A Disney, no entanto, é uma equipe que faz isso.

Quando você visita um parque da Disney em uma ocasião especial, como um aniversário ou uma primeira visita, a empresa capitalizará essa oportunidade de tornar seu dia extraespecial. Usando tecnologias e serviços no parque, eles reconhecerão seu momento de alguma forma, muitas vezes indo a fundo para reconhecer *você* e deixar *você* feliz. A provocação da alegria é ainda mais efetiva quando há um toque pessoal.

Contribuir para a alegria dos outros é crucial para o sucesso e para a vida útil de seu negócio. Se você não está enriquecendo a vida de alguém, o que *está* fazendo?

TRISTEZA

A tristeza é nossa resposta à perda, seja ela de algo que você tinha ou algo que pensou que teria.

A EVOLUÇÃO DA TRISTEZA

A tristeza pode assumir muitas formas, seja choro, isolamento, letargia ou outras. Não importa como ela é expressa, seu propósito evolutivo tem sido sempre comunicar aos outros que precisamos de assistência ou que estamos sofrendo. Por isso, pode não ser surpresa que a tristeza seja a emoção mais fácil de se empatizar. Estamos conectados para entender o que a outra pessoa está passando, então pode ser mais fácil para nós ajudá-la.

O ESPECTRO DA TRISTEZA

Assim como o espectro da alegria, o da tristeza de Ekman se concentra na intensidade.

No lado esquerdo da escala, vemos a decepção — como, por exemplo, se não ganhássemos a loteria. No lado direito, nós encontramos a intensa emoção de angústia, que é o mais doloroso tipo de sofrimento — como quando um pai experiencia a morte de um filho.

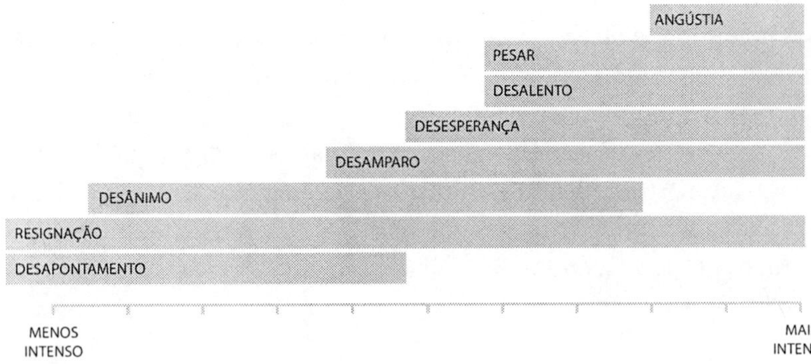

Somos capazes de experimentar muitas emoções entre decepção e angústia. Exatamente como o espectro de intensidade para a alegria, essas emoções não são pontos únicos em um mapa, elas cobrem faixas no espectro. Essas emoções variam de resignação e desamparo ao desânimo e muito mais.

PROVOCANDO TRISTEZA

Quando a tristeza é provocada, ela é geralmente repentina e pode ser debilitante.

Para mim, a tristeza é provocada internamente quando penso na manhã em que minha mãe faleceu. Nada me lembra do acontecimento; simplesmente surge na minha cabeça algumas vezes e me derruba emocionalmente.

Da mesma forma, a tristeza é estimulada externamente quando vejo uma foto da minha mãe ou pego algo que ela me deu de presente.

RECONHECENDO A TRISTEZA

Quando as pessoas estão tristes, muitas vezes se afastam de conversas e situações. Elas se tornam quase inacessíveis. Há menos vitalidade em seus passos.

Visualmente, os cantos internos das sobrancelhas se inclinam para cima, da mesma forma que são desenhados personagens tristes em animações. Os cantos da boca giram para baixo de cada lado e, frequentemente, os lábios se esticam na horizontal, com o lábio inferior empurrado para fora, quase como um beicinho. As maçãs do rosto são levantadas de sua posição de repouso.

NEUTRO

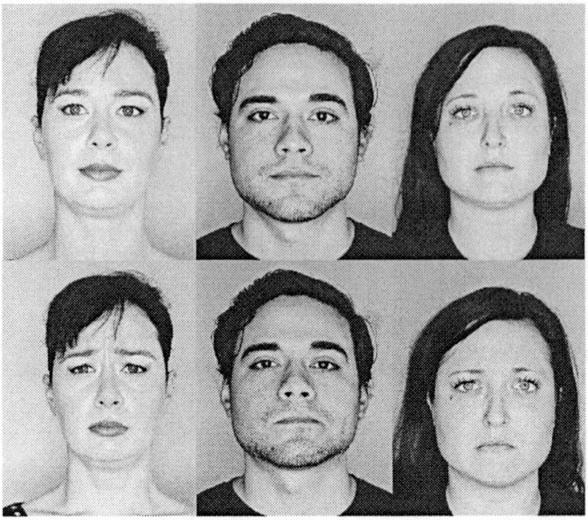

TRISTEZA

A tristeza é uma expressão difícil de produzir de forma desonesta; bons atores podem fazer isso, mas mesmo eles confiam em memórias reais e tristes para produzir sua expressão. A postura da tristeza é bem conhecida: inclinada, com ombros baixos e curvos. Existe também uma tendência a olhar para baixo ao caminhar. Quando nossa postura é péssima, parecemos fechados para o mundo.

Mais uma vez, estes sinais têm um propósito: sinalizar aos outros que estamos sofrendo ou necessitando de assistência. Reconhecer os sinais de tristeza em nossos semelhantes faz parte de nossa responsabilidade uns para com os outros.

A TRISTEZA PERSISTE

Das cinco emoções básicas, a tristeza dura mais tempo. Bem depois de experimentar seu gatilho e a emoção inicial começar a desaparecer, um período de tristeza resignada ainda persiste. A depressão, por exemplo, é uma doença na qual a tristeza tem estado presente tanto tempo que ela se torna a emoção base de uma pessoa. Diferente de outras emoções,

No topo do espectro da raiva está a fúria. Ekman descreve a fúria como incontrolada e muitas vezes violenta.[5] Quando você está furioso, vê tudo vermelho e seu bom senso pula pela janela. Mais perigosamente, raiva gera raiva e uma situação de ira pode se agravar rapidamente, até mesmo desencadeando a violência.

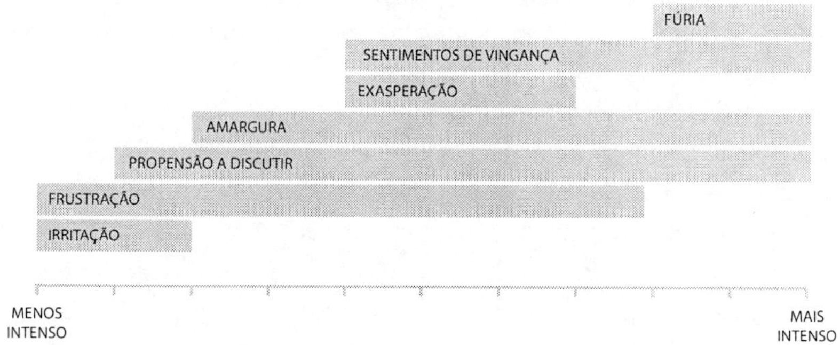

A mais ampla gama de intensidade pertence ao subconjunto da raiva conhecido como frustração, que cobre todo o espectro, até a fúria. Quando você não consegue amarrar seu sapato, é um pouco frustrante, mas, quando está preso no trânsito, você pode ficar frustrado a ponto de gritar a plenos pulmões dentro do seu carro.

PROVOCANDO RAIVA

Dependendo do gatilho, a raiva pode ir de zero a cem muito rápido. É a única entre as cinco emoções básicas que se agrava tão depressa. Por isso é importante estar muito consciente quando começar a sentir raiva, para poder se acalmar antes que seja tarde demais e você diga ou faça algo que não deveria.

Uma das maneiras mais fáceis de estimular a raiva é usar a raiva. Quando alguém grita com você, se você merece a crítica ou não, a raiva

5. Mark Wilson, "A Map of How Emotions Influence Our Lives, Commissioned by the Dalai Lama", *Fast Company*, 13 de maio de 2016.

se eleva quase imediatamente como um mecanismo de defesa para proteger sua vulnerabilidade com dominância.

E, quando você responde com raiva, o ciclo começa de novo, mas em um nível mais intensificado e na direção oposta, com a outra pessoa tentando afirmar seu domínio agora. A menos que alguém termine o conflito, se acalme ou se retire da situação, a raiva continuará a se acumular e ninguém será capaz de pensar ou se comunicar efetivamente.

RECONHECENDO A RAIVA

Não é muito difícil reconhecer a raiva nos outros. Suas sobrancelhas se franzem para dentro e para baixo. Os lábios ficam em forma de quadrado ou retângulo, ou se fecham bem pressionados um contra o outro. Os homens frequentemente forçam a mandíbula para fora, inflam o peito e recuam seus ombros para parecerem maiores do que realmente são — algo que eles têm em comum com os primatas masculinos quando estão com raiva.

NEUTRO

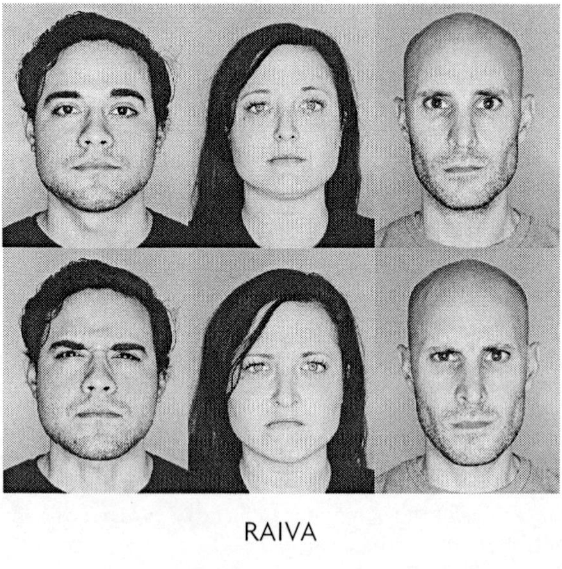

RAIVA

Não é incomum para alguém que está com raiva cerrar e expor os dentes ao mesmo tempo. As crianças frequentemente fazem isso enquanto franzem o nariz e empurram suas sobrancelhas para baixo simultaneamente. Ou elas podem franzir os lábios para expressar sua raiva.

Vocalmente, nossas sentenças se tornam curtas e secas quando estamos com raiva. Sabemos que nossa raiva pode aumentar e, em pouco tempo, podemos acabar gritando com outra pessoa, revelando a totalidade de nossos pensamentos e sentimentos. Em busca de autopreservação, mantemos nossas frases curtas e claras para evitar abrir a caixa de Pandora. Como resultado, os argumentos podem soar tão simples quanto: "Não, estou bem. Pare". Ou: "Deixe-me em paz".

RAIVA NOS NEGÓCIOS

Independentemente de onde nossa raiva esteja no espectro de intensidade, os humanos parecem precisar expressá-la. A raiva parece ser um calor do qual você tem que se livrar, e um comportamento violento ou retórica agressiva são os métodos mais comuns para esfriar as coisas.

Não consigo pensar em um exemplo melhor do que os serviços de telemarketing para descrever como a raiva é regularmente expressa em uma empresa. Como instituições voltadas para a assistência de problemas e contratempos, elas lidam com todas as possíveis falhas às quais as empresas estão vulneráveis. Dito isso, seu negócio tem dois grupos de pessoas que precisam de um lugar para expressar sua raiva: os clientes e o serviço de atendimento ao cliente (SAC).

Quando os clientes estão zangados com você, é preciso fazer com que seja mais fácil para eles descarregarem suas frustrações diretamente com você. Não por meio do Facebook ou do Yelp. Lembre-se, a raiva cresce rapidamente e a última coisa que você quer é que mais clientes fiquem com raiva de você. Eu entro em mais detalhes sobre como dispersar a raiva em clientes no capítulo oito.

Na maioria das empresas, um atendente de SAC é a *única* opção para os clientes desabafarem suas frustrações com a empresa. E, como eles também são humanos, a raiva do cliente sem dúvida será transferida para o funcionário. Como alguém que criou e gerenciou múltiplas organizações de apoio de diferentes tamanhos, posso dizer que essa equipe é a menos provável de recomendar a empresa, porque tudo o que ouvem são os problemas e as falhas do negócio. Isso significa que, como um negócio, os membros desta equipe devem ser sua principal prioridade. Afinal, eles conhecem todos os seus problemas e falhas, e muitas vezes são os únicos que estão em constante contato com os clientes. Você gostaria que esses funcionários fossem ouvidos e ficassem felizes, não é mesmo?

MEDO

O medo ocorre quando percebemos uma ameaça à nossa segurança ou à segurança dos outros. Pode não haver melhor motivador do que a sensação de que algo ruim vai acontecer.

A EVOLUÇÃO DO MEDO

O medo pode ser o fator de contribuição mais óbvio para nossa sobrevivência como espécie. Sem o medo, nenhum de nós duraria muito, o penhasco mais próximo acabaria conosco.

É claro que não nascemos com muitos medos. Como bebês, nós podemos começar a entrar em pânico se não conseguirmos respirar, se estivermos presos ou se nosso suprimento de alimentos e água começar a ficar baixo, mas a maioria dos medos são aprendidos por meio de experiências pessoais e conhecimentos que adquirimos.

Não queremos cair e morrer, portanto tememos alturas. Não queremos ser envenenados, então tememos cobras. Mas só sabemos que cair de grandes alturas e cascavéis são ameaças à nossa segurança porque alguém antes de nós descobriu pelo caminho mais difícil. Quando experimentamos medos físicos como esses, a medula adrenal, localizada em nossos rins, libera um coquetel hormonal que aumenta o fluxo de sangue para os músculos, a saída do coração, e aumenta nossos sentidos e estado de alerta — resumido como uma reação de lutar ou fugir. Uma porcentagem das pessoas, no entanto, não luta ou foge. Em vez disso, elas congelam e ficam fisicamente paralisadas quando confrontadas com uma ameaça extrema à sua segurança. Não é o ideal, mas, talvez, em certas situações seja útil. Caso você precise se misturar a uma árvore ou a uma coleção de manequins, por exemplo.

Da mesma forma, podemos sentir medos emocionais baseados em experiências e conhecimentos pessoais que adquirimos. Se eu passei por uma má separação no passado, posso temer entrar em outro relacionamento sério para não sentir essa sensação extrema de perda ou raiva de novo.

Outro tipo de medo que temos desenvolvido ao longo dos anos é o medo social, ou o sentimento de ser julgado ou rejeitado por outros. Se você publicar algo no Facebook e ninguém reagir após uma hora, você pode apagar por medo de que seus amigos não gostem disso e, portanto, não gostem de você.

Todos os três tipos de medo (físico, emocional e social) são poderosos, necessários, universais e perigosos. Os seres humanos são conhecidos por usar o medo para motivar os outros — ou eles entram na linha, ou a segurança deles fica em risco. Quanto mais as pessoas sentem medo, menos provável que elas ajam.

O ESPECTRO DO MEDO

Na extremidade mais baixa do espectro de intensidade do medo está o sentimento de apreensão. Na extremidade mais alta, nós encontramos o pânico, o horror e o terror — medos paralisantes superpoderosos.

A ansiedade é importante porque cobre todo o espectro. É possível ter ataques de ansiedade intensos. Ao mesmo tempo, você pode estar um pouco ansioso por um encontro ou um novo emprego.

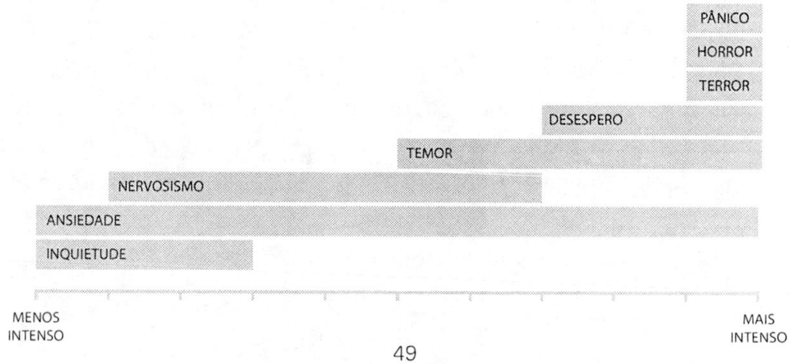

GATILHOS DO MEDO

Para que o medo seja estimulado, alguém deve sentir ou ouvir algo que ameace sua segurança.

Se eu afirmasse que gatinhos são a causa número um de diabetes, haveria algumas pessoas que olhariam para seus novos gatos de maneira diferente, porque agora elas teriam conhecimento sobre uma nova ameaça à sua saúde.

Se eu lhe desse a estatística de que 87 por cento das pessoas diagnosticadas com diabetes tiveram um gatinho em algum momento de suas vidas, mais pessoas temeriam os gatinhos, porque seu conhecimento de casos de diabetes relacionados a eles é agora mais profundo.

Se eu lhe dissesse que conhecia pessoalmente uma mulher que estava em saúde perfeita até ser diagnosticada com diabetes — apenas seis meses após cuidar de uma ninhada de gatinhos, será que você começaria a acreditar em mim?

Agora eu quero que você pense em todos que você conhece que têm ou tinham gatinhos em suas casas. Quantas dessas pessoas têm diabetes? Se sua resposta foi zero, basta esperar alguns anos.

Já está se sentindo assustado? Espero que não, claro que gatinhos não causam diabetes. Isso só serve para mostrar como é fácil estimular medo com nada mais do que uma imaginação fértil.

Que isso seja um verdadeiro aviso de que o medo está frequentemente enraizado em experiências extremas e releituras fantásticas. A menos que você mesmo já tenha passado por algo, eu recomendo fortemente que faça sua própria pesquisa antes de temer o desconhecido.

RECONHECENDO O MEDO

Ao expressar o medo, as sobrancelhas são erguidas e esticadas juntas. Curiosamente, a expressão que define o medo na metade superior da face é a mesma que na tristeza, mas com sobrancelhas mais erguidas e olhos mais largos. Na parte inferior do rosto, a boca se abre e a mandíbula tensiona. Lábios e bochechas podem formar um sorriso esquisito, com lábios esticados para trás e o rosto todo congelado ligeiramente para cima.

NEUTRO

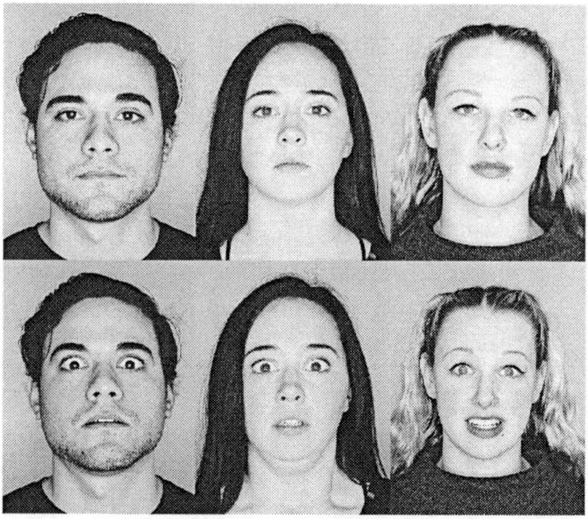

MEDO

O MEDO NOS NEGÓCIOS

Os consumidores compram apenas por duas razões: para conseguir o que querem e para evitar coisas que não querem. O medo impulsiona esse último; é muito mais fácil encontrar um desencorajador amplamente aceito do que um incentivo amplamente aceito. As pessoas geralmente agem quando estão fora de suas zonas de conforto.

O psicólogo comportamental dr. Wyatt Woodsmall defendeu essa ideia quando disse: "Nas vendas, se você puder descobrir o pior pesadelo das pessoas, acampe dentro desse pesadelo e [...] [elas] farão qualquer coisa [...] para sair dessa situação".[6] Afinal, as principais prioridades de todos são a sobrevivência e o conforto.

6. WeblyGuys.com, *How to Use Fear in Conversion Marketing Without Scaring Your Customers Away*, *WeblyGuys*, Disponível em: <http://www.weblyguys.com/blog/how-to-use-fear-in-conversion-marketing-without-scaring-your-customers-away/>. Acessado em 23 mar. 2013.

Meus pesadelos incluem germes, constrangimentos e perdas, e esses medos têm definitivamente impulsionado minhas escolhas de compra. Não quero estar cercado de insetos microscópicos e bactérias e aumentar minha probabilidade de ficar doente, então compro sabonetes Lysol ou Dawn porque eles prometem matar 99,99 por cento das bactérias "prejudiciais". Não quero que meu hálito cheire mal em nenhum momento do dia e me cause constrangimento social, por isso carrego comigo balas de menta Ice Breaker ou o enxaguante bucal Listerine. Temo que nossa casa pegue fogo espontaneamente ou seja assaltada e percamos tudo, logo, comprei câmeras de segurança Nest e alarmes de fumaça para permitir que eu os verifique a qualquer momento em que tiver um sentimento de ansiedade.

O medo também pode ser mal compreendido e mal utilizado *dentro* do seu negócio. Um recrutador, por exemplo, seria imprudente ao exacerbar o nervosismo de um candidato durante o processo de contratação. Um candidato nervoso não demonstraria sua capacidade total durante toda a entrevista; seria melhor se o recrutador, nesta situação, fizesse com que o candidato se sentisse bem-vindo. Entrevistar um candidato tranquilo revelará muito mais sobre o que ele pode trazer para a empresa.

Da mesma forma, os gestores podem usar o medo como um motivador, mas em muitas situações, quando conduzem avaliações de desempenho ou dão feedback a suas equipes, o medo pode bloquear a comunicação genuína que torna essas interações efetivas e valiosas.

NOJO

Você pode se surpreender ao encontrar o nojo listado como uma emoção básica, mas o nojo é um instinto crítico para os humanos. Ele nos ajuda a identificar coisas que são prejudiciais ao nosso bem-estar e níveis de conforto, tanto físico quanto social.

A EVOLUÇÃO DO NOJO

O nojo evoluiu a partir da necessidade de identificar ameaças à saúde, como comida podre ou pessoas e animais que parecem doentes. Ele nos diz que precisamos nos distanciar de algo para nossa própria saúde, segurança e conforto. Ao criar uma aversão, o nojo nos impele a afastarnos da situação; nos protegemos ao nos distanciar.

Com os avanços em segurança e padrões alimentares e de saúde, raramente mostramos nojo a doenças ou alimentos. Em vez disso, quando expressamos o nojo atualmente, é mais provável que estejamos em um ambiente social.

Se já sentiu aversão a um político ou estabelecimento que é habitualmente desrespeitoso ou manipulador, você já sentiu nojo. Essa emoção está lhe dizendo que interagir com esta pessoa ou empresa não é saudável para você e é preciso se afastar. Sem perceber, você pode se encontrar fazendo tudo e qualquer coisa ao seu alcance para evitar o contato prolongado com eles.

O ESPECTRO DO NOJO

Na extremidade mais baixa do espectro do nojo, encontramos o desinteresse. Isso pode ser tão simples quanto não ter interesse em filmes de horror ou em uma marca específica de sorvete.

No extremo oposto do espectro, encontramos a forma mais intensa de nojo: o repúdio, uma forma extrema de nojo dirigido a uma pessoa. Quando está voltado para dentro, o chamamos de autorrepúdio.

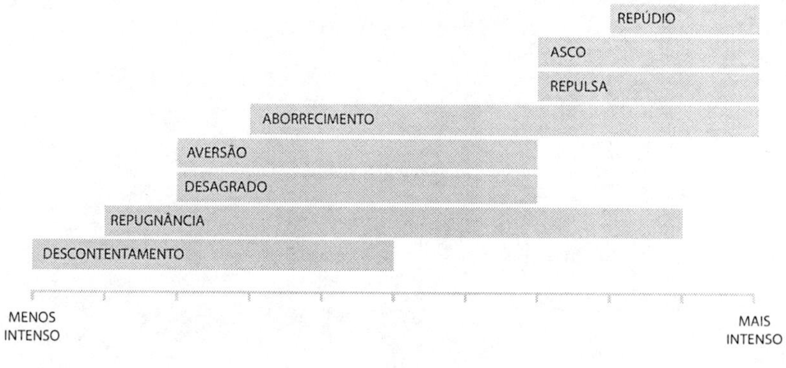

PROVOCANDO NOJO

O nojo pode ser rapidamente provocado por um estímulo desagradável aos nossos sentidos. Esse estímulo pode vir na forma de maus cheiros, ruídos altos e desagradáveis, ou mesmo paletas de cores realmente feias. O contexto é muito importante. Algumas pessoas gostam bastante do cheiro da gasolina, mas em um restaurante o cheiro da gasolina induziria o nojo. É claro, alguns odores sempre nos fazem sentir nojo — o cheiro de vômito, por exemplo, não será transformado em uma vela aromática tão cedo.

O nojo também pode ser provocado indiretamente apenas pelo aprendizado sobre eventos que afetam outros. Se eu ouvir falar sobre maus tratos de animais ou crianças, fico imediatamente enojado com as pessoas que causaram danos a esses seres mais vulneráveis do que elas.

Os políticos, especialmente, provocam o nojo como uma tática de campanha. Nas eleições de 2016, Trump o utilizou contra Hillary, Hillary o utilizou contra Trump, e Bernie o utilizou contra Trump *e* Hillary. Em todos os principais elementos de nossa cultura — na religião, nos negócios e até mesmo nas comunidades —, as pessoas deliberadamente valem-se do nojo em relação a outro grupo ou ideia para impulsionar ainda mais um propósito.

RECONHECENDO O NOJO

Com o nojo, o lábio superior ergue-se o mais alto possível.

Essa ação frequentemente expõe os dentes superiores e cria rugas em volta do nariz, acima e ao lado das narinas, fechando as passagens nasais para nos proteger contra toxinas do ar, quer uma toxina esteja presente ou não.

NEUTRO

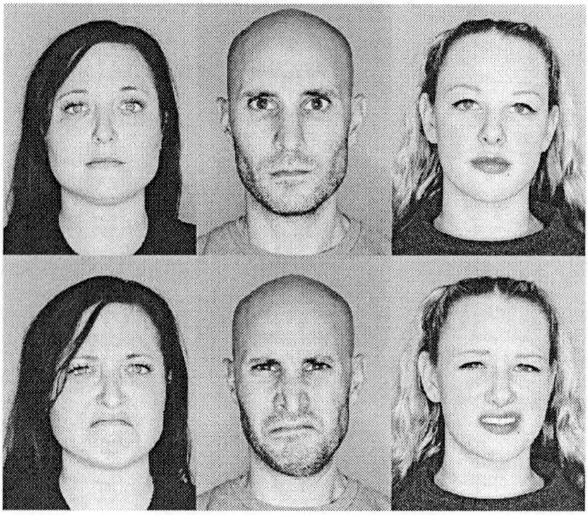

NOJO

Uma ruga em forma de U invertido também aparece entre as sobrancelhas, como quando estamos com raiva. As bochechas se erguem e as sobrancelhas se abaixam.

Quando sentimos desprezo, uma forma de nojo, nosso rosto fica parecido, mas nossos lábios ficam franzidos juntos com um lado levantado. Nesse caso, as narinas inflam.

CARA DE ANTIPÁTICO

Quando você era criança, um adulto provavelmente lhe disse para parar de fazer uma certa expressão facial, ou seu rosto permaneceria assim para sempre.

Surpreendentemente, há de fato alguma verdade nesse aviso. Se nossos rostos fazem uma expressão particular com mais frequência, nossos músculos se ajustam a esta posição, crescendo em alguns lugares e atrofiando em outros. É o mesmo que levantar pesos. Se levantarmos pesos com frequência, nossos braços crescerão fortes e tensos, mas não vão mais se endireitar naturalmente.

Se estamos sempre fazendo uma expressão enojada, nossos músculos faciais se tornarão rígidos e flexionados nesta posição, e essa se tornará nossa expressão-padrão. Tal aspecto é pouco lisonjeiro e muitas vezes chamado de "cara de antipático". Como os outros músculos do corpo, alguns se tornarão mais fortes em uma pessoa do que em outra. Talvez uma pessoa com cara de antipática frequentemente sinta nojo conforme julga em silêncio aqueles que a rodeiam. Mas talvez seja uma pessoa muito agradável, apenas nascida com um certo formato em seus músculos faciais.

NOJO NOS NEGÓCIOS

Como todas as emoções básicas, o nojo pode ser usado em ambientes de negócios. Em suas campanhas de marketing, muitas empresas tentam desenvolver o nojo em relação à concorrência. Por exemplo, os comerciais da Samsung frequentemente promovem sentimentos de nojo em relação à Apple e sua base de clientes fiéis. A marca costuma apontar como é desagradável ficar na fila esperando pelo novo iPhone; ela diz que, com a Samsung, você não precisa ficar em uma longa fila no dia do lançamento para conseguir um novo telefone! Na minha opinião, não é a melhor abordagem anunciar que ninguém fica empolgado o suficiente em relação a seu lançamento para ficar numa fila. Porém, a Samsung está tão preocupada em apontar o dedo para os outros, que não considera a imagem que está formando sobre si mesma.

A SEXTA EMOÇÃO

E quanto à sexta emoção básica? Surpresa!

Isso é confuso.

O que eu quero dizer é que a surpresa é considerada a sexta emoção básica pelos padrões de alguns psicólogos. É semelhante ao Y na família das vogais — temos A, E, I, O e U e, às vezes, Y.

Como é o Y das emoções básicas? Bem, a emoção de surpresa dura apenas uma fração de segundo, ou alguns segundos no máximo. Em vez de ser uma sensação duradoura como as outras emoções básicas, *a surpresa intensifica as outras emoções.* Se você fosse surpreendido por um leão em sua cozinha, seu medo (ou alegria, se você gosta de gatos) seria intensificado como resultado da surpresa.

PROVOCANDO SURPRESA

Para provocar surpresa em alguém, é preciso fazer algo que as pessoas não esperavam que você fizesse. Isso pode variar desde esquecer um aniversário importante até se esconder na despensa esperando para assustar a próxima pessoa que abrir a porta.

Contanto que você quebre as expectativas emocionais de alguém, você conseguirá uma surpresa.

RECONHECENDO A SURPRESA

A surpresa, surpreendentemente, é uma emoção muito difícil de ser reconhecida. Talvez por durar apenas alguns segundos, ou talvez porque se parece muito com o medo.

Com a surpresa, os olhos se alargam como no medo, mas as sobrancelhas não se erguem e apertam. Em vez disso, elas apenas se levantam.

Ainda, a mandíbula pode abrir-se inconscientemente e ficar mais relaxada do que ocorreria com o medo.

NEUTRO

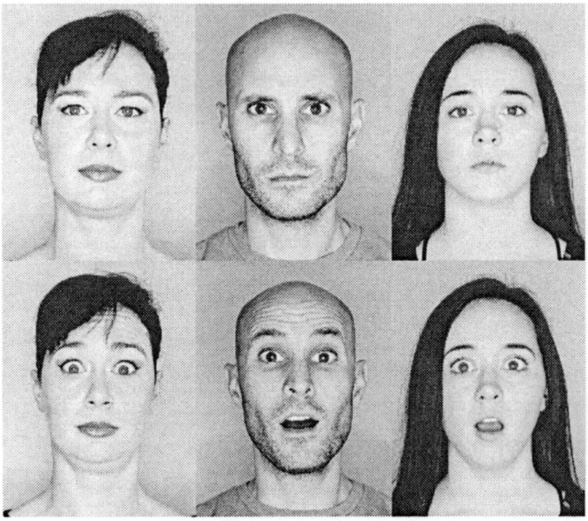

SURPRESA

SURPRESA NOS NEGÓCIOS

Clientes e funcionários geralmente ficam felizes quando suas expectativas são superadas, mas eles ficam desapontados se suas expectativas não são atendidas.

Quando você chama um Uber, você espera ir do ponto A ao ponto B. Você não espera fazer amizade com o motorista ou ganhar uma garrafa de água de graça — então, quando isso acontece, é surpreendente, e você sente uma sensação mais intensificada de alegria por conta disso.

Fazer as pessoas se sentirem bem faz com que elas queiram estar mais perto de você; lembre-se, esse é o propósito evolutivo da alegria. Faça algo agradável e você estimulará a alegria. Faça disso uma surpresa e você intensificará essa alegria.

Imagine se a recepcionista da sua academia reconhecesse seu árduo esforço e elogiasse seu progresso. Isso o faria sentir-se orgulhoso e você iria querer voltar. Até mesmo os funcionários ficariam agradavelmente surpresos se você lhes desse um dia de lazer onde eles pudessem se divertir com seus colegas de trabalho ao ar livre.

Toda empresa deve pensar em como pode surpreender e *encantar* seus clientes e funcionários, fazendo-os se sentirem bem quando eles menos esperam.

Para o restante do livro, não vou me referir à surpresa como uma emoção básica, mas sim como um acelerador para as emoções básicas.

EMOÇÃO COMPARTILHADA

Até agora, falamos sobre a experiência da emoção no nível pessoal, mas o que acontece quando a mesma emoção é sentida por mais de uma pessoa ao mesmo tempo?

Tenho uma tatuagem de um guarda-chuva em memória de minha avó, a conversadora da família. Minha avó conversava com todo mundo. Ela falaria com você em uma fila. Ela falaria com você sobre vinho. Ela falaria com você em um avião até o Japão. Aquela mulher poderia falar com qualquer um, porque ela começava cada conversa com um terreno em comum... ou melhor, um céu em comum. Ela começaria uma conversa com estranhos perguntando "E este tempo?" ou "Ouvi dizer que vai chover esta semana". Sem erro, ela provocaria uma conversa.

Embora sua introdução fosse clichê, ela instintivamente entendia como o tempo era um gatilho unificador de emoções... ela sabia que o tempo era a única coisa pela qual todos éramos afetados. Não importava quem eram, o que faziam para viver, ou quais eram suas crenças; ela podia compartilhar um simples momento com eles falando sobre a previsão do tempo.

O mesmo princípio se aplica quando as pessoas se sentam juntas em uma sala de cinema. Todos estão conectados porque interagem com a mesma coisa, ao mesmo tempo, com emoções similares. É provavelmente por isso que a maioria de nós prefere companhia quando vamos ao cinema.

Nós nos sentimos conectados quando experienciamos a mesma emoção com outras pessoas ao mesmo tempo.

Por um breve período após o 11 de setembro, todos nos Estados Unidos se encontravam no mesmo barco emocional. Estávamos todos tristes, zangados e temerosos, mas sentíamos essas emoções juntos e, por um período, estivemos muito mais próximos como uma nação. As palavras "juntos permanecemos" raramente teriam sido mais poderosas como foram naquele momento.

Qualquer pessoa que tenha passado por um evento emocional se sente conectada a outros que passaram por eventos similares ou idênticos. Um casal envolvido em um grave acidente de carro, colegas de trabalho presos em um elevador, soldados na mesma unidade.

No entanto, quando compartilhamos uma experiência emocional com outra pessoa ou um grupo de pessoas, um vínculo é formado e nosso senso de comunidade é intensificado.

PICOS DE AÇÕES EMOCIONAIS

Antes de encerrarmos este capítulo, vamos aplicar o que temos aprendido até agora com a Economia da Emoção.

Mesmo que as cinco emoções básicas possam ser misturadas e combinadas para formar uma infinita gama de sentimentos, cada uma das emoções básicas tem um valor próprio distinto, como uma ação da bolsa. Você poderia dizer que todos nós temos algum capital investido nessas ações e que cada um de nós tem seu mercado de ações emocionais, onde algumas sobem e outras descem. Para ilustrar isso de forma mais clara, imagine por um momento que um médico lhe conectou a um novo tipo de dispositivo chamado Eletroemociógrafo, ou EEG. Ele registra quais emoções você sente e quão fortes elas são. Depois de algum tempo conectado a este dispositivo, você notaria que seus resultados emocionais revelariam os altos e baixos de suas emoções, como um mercado de ações. Cada emoção que você sente mais forte causa um pico. Emoções semelhantes, como raiva e nojo, podem surgir ao mesmo tempo, trabalhando juntas para elevar o mercado.

É o mesmo com as emoções de um grupo, ou o que eu gosto de chamar de o "índice de ações emocionais"; certas emoções tendem a crescer quando em grupo e outras terão tendência decrescente. Quando desembarcamos na lua pela primeira vez em 1969, o mercado emocional mostrou picos de alegria e orgulho. Quando o incidente em Columbine ocorreu em 1999, ele nos quebrou.

Se você comparasse seu mercado de ações pessoal com os mercados de amigos ou familiares, veria como eles interagem uns com os outros — constantemente acionando, reforçando, levantando e diminuindo uns aos outros.

Quando você tenta vender uma ação, pode fazer algo agradável para alguém, na esperança de que ele compre sua felicidade (FLCD). Ou, se estiver de mau humor e seu moral estiver despencando, você faria qualquer coisa para descarregar suas ações de raiva (RAIV).

Diferente do mercado de ações financeiras, porém, o mercado de ações emocionais não é um jogo de soma zero. O vendedor não perde seu investimento, ou emoção, só porque faz um negócio. As emoções se reabastecem e muitas vezes se unem com as emoções dos outros para criar um excedente.

Esse é o sistema de ações emocionais que todos temos dentro de nós, conscientes disso ou não.

DA EMOÇÃO AO SUCESSO

Agora que entendemos as cinco emoções básicas e como elas conduzem o que fazemos e como fazemos, podemos começar a traçar a emoção ao longo de todo o processo comercial, uma vez que é passada de líderes a funcionários, de funcionários a produtos, de produtos a clientes e de clientes a amigos.

No próximo capítulo, vamos explorar o "porquê" por trás de seu negócio e como um propósito voltado para as pessoas leva a uma liderança significativa e a um esforço máximo dentro de uma empresa — inspirando o melhor trabalho possível dos funcionários.

PARTE III

EMOÇÃO NOS NEGÓCIOS

CAPÍTULO QUATRO

GUIANDO COM PROPÓSITO

Bem, sr. presidente, estou ajudando a enviar um homem à lua.

— UM ZELADOR DESCONHECIDO PARA JOHN F. KENNEDY DURANTE UMA VISITA AO CENTRO ESPACIAL DA NASA EM 1962.

O propósito é a base de tudo.

Quando as organizações encontram seus propósitos, elas desenvolvem a base para todas as decisões comerciais futuras. Um grande propósito oferece mais do que um simples objetivo; ele oferece *valor emocional* tanto para os funcionários quanto para os clientes, e um propósito declarado de uma empresa servirá como uma explicação poderosa sobre o que ela deseja que seus clientes sintam em um nível emocional.

Um propósito com significado vai além de ganhar dinheiro. Certamente, aumentar sua receita e tornar-se lucrativo é um objetivo necessário, mas o lucro é um resultado de um ótimo trabalho, e um ótimo trabalho é alcançado quando sua liderança e funcionários têm laços emocionais com o propósito e o sucesso do negócio.

A definição de seu propósito começa ao conhecer sua audiência, descobrindo como você quer servi-la e *reconhecendo como você quer fazê-la se sentir*. Desta forma, o propósito de uma empresa ficará intimamente ligado a uma valiosa emoção e não apenas a um marcador lógico, como barganha de preços ou conveniência.

Por exemplo, se "entregar encomendas com sucesso" descreve o propósito de toda a sua empresa, você pode ter um modelo de negócios forte e uma taxa de realização alta, mas sempre estará vulnerável aos concorrentes. Outro negócio acabará chegando e descobrirá como entregar pacotes pelo mesmo preço com a mesma eficiência, mas conseguirá incluir a felicidade no produto. O resultado? Seus clientes, que não têm conexão emocional com sua empresa, serão atraídos com facilidade.

Quando a Apple e a Microsoft começaram a competir com interfaces gráficas de usuário baseadas em tecnologias de janelas, elas ofereceram essencialmente o mesmo produto, com sistemas operacionais quase idênticos. Mas a missão da Microsoft era apenas "(colocar) um computador em cada mesa e em todas as casas". A Apple, por outro lado, declarou abertamente que sua missão era "fazer uma contribuição para o mundo, criando ferramentas para a mente que trarão avanço à humanidade".

A Apple não disse que resolveria todos os seus problemas. Ela sequer disse que produzia computadores. Mas sua missão parecia muito mais significativa do que "nós vamos colocar um computador em sua mesa". Era a diferença entre um propósito emocional e um propósito racional. Era também a diferença entre uma estratégia de sucesso a curto e a longo prazo.

A Microsoft pode ter vencido a Apple a curto prazo, mas o que a Apple entende de propósito emocional a tornou a primeira empresa de trilhões de dólares do mundo.

ESCLARECENDO NOSSOS TERMOS

Antes de nos aprofundarmos ainda mais no propósito, vamos separar claramente o conceito de dois outros termos superutilizados, mas subvalorizados: "valores" e "visão".

Valores, visão e propósito têm significados no mundo real que vão além do jargão cultural corporativo. Pense naquelas três palavras como correspondentes aproximados dos conceitos de "como", "o quê" e "porquê".

Os valores que uma empresa estabelece descrevem *como* ela planeja realizar seus negócios. Valores são as crenças, ideais e diretrizes sobre como essa empresa quer que as pessoas se comportem quando se trabalha com ela ou para ela.

A visão fornece *o quê*. A visão estabelece o que uma empresa planeja realizar e quando planeja fazê-lo. A visão geralmente muda com o passar do tempo. Os valores raramente devem mudar.

O propósito de uma empresa nunca deve mudar, no entanto. O porquê da existência de uma empresa deve ser fixado num lugar, como a estrela-guia da empresa. Em seu livro *Comece pelo Porquê*, Simon Sinek afirma que o propósito de uma empresa deve ser o primeiro passo, antes que a visão ou os valores sejam determinados.[7]

Começar com um propósito e, em seguida, preservá-lo como uma estrela-guia faz com que todos sigam na direção certa mais rápido do que começar com seu "o quê" ou "como".

Por que começar um negócio? Ele vai enriquecer a vida de quem? Como ele enriquecerá a vida das pessoas?

As respostas a estas perguntas são um bom começo para encontrar seu propósito emocional.

INSPIRANDO FUNCIONÁRIOS E CLIENTES

Somente um propósito emocional pode realmente inspirar um grande trabalho. Isso porque um propósito emocional bem trabalhado transforma uma tarefa em uma realização.

Volte e releia a citação no início deste capítulo. Neste incidente muito famoso, o presidente Kennedy estava visitando as instalações

7. Simon Sinek, *Comece pelo Porquê: Como grandes líderes inspiram pessoas e equipes a agir* (Editora Sextante, 2018).

da NASA quando passou por este zelador e, em sua maneira amigável, perguntou ao zelador o que ele fazia para a NASA. Quando o zelador respondeu: "Bem, sr. presidente, estou ajudando a enviar um homem à lua", ele demonstrou o quão importante o propósito deve ser para qualquer empresa. Este homem, cujo nome nunca foi registrado, viu-se como parte de um grande empreendimento organizado em torno de um conceito claro e motivador.

Este zelador sentiu que, ao manter uma instalação limpa e reduzir a desordem e o estresse, ele estava ajudando os engenheiros a fazer seus trabalhos para que os astronautas pudessem fazer o deles — essencialmente, ele *estava* ajudando a enviar um homem à lua.

Se alguém em sua empresa não puder responder à pergunta "Por que você está fazendo isto?" com a mesma clareza direta, é provavelmente a hora de considerar encontrar um propósito emocional para o negócio.

CRIANDO FELICIDADE

Quando seu propósito se torna profundamente enraizado em cada um de seus funcionários, ele aparecerá em seu marketing e em seus produtos e será instintivamente compreendido por seus clientes.

O propósito declarado da Walt Disney Parks & Resorts é "criar felicidade". Por mais simples que seja, a declaração de missão da empresa articula elegantemente este propósito:[8]

"Criamos felicidade proporcionando o melhor em entretenimento para pessoas de todas as idades em todos os lugares".

O visitante da Disney pode não reconhecer essa declaração, mas cada membro do elenco da Disney Parks a incorpora. Cada funcionário tem esse propósito emocional dentro de si. Como resultado, o visitante não

8. Barbara Farfan. *Disney Store Values and Mission Statement: Inside the Unique Formula of a Unique Founder. The Balance Small Business.* Disponível em: <https://www.thebalancesmb.com/disney-mission-statement-2891828>. Acessado em: 23 de set. 2018.

apenas colhe o benefício dos esforços da empresa, mas também sente o propósito dela cada vez que adentra seus portões. O propósito de criar felicidade efetivamente impulsiona *cada escolha de design, cada momento mágico e cada zelador no parque.*

DESENVOLVENDO UMA MARCA DE CULTO

A Disney é considerada uma marca de culto, o que significa que seus clientes e funcionários são seguidores apaixonados e leais. Mas isso não se deve à idade da empresa ou à influência de longo alcance que ela tem na indústria de entretenimento — muitas empresas são influentes e já existem há algum tempo.

Empresas com seguidores têm uma coisa simples em comum: elas colocam as pessoas à frente de seu produto ou processo. Estas são as Apples, as Disneys, as Nikes, as Starbucks e as Coca-Colas do mundo. Muitas empresas mais jovens, como a Zappos e a Alamo Drafthouse, também estão se estabelecendo como marcas que valorizam tanto as pessoas que trabalham para elas quanto as que elas servem.

Deixe-me reiterar: essas empresas colocam *todas* as pessoas em primeiro lugar, não apenas seus clientes.

Entre os conhecedores, a Ritz-Carlton Hotel Company também tem um poderoso grupo de seguidores. Portanto, pode não ser surpresa que o lema da empresa esteja centrado nas pessoas:

"Nós somos senhoras e senhores servindo senhoras e senhores".

Com essa ideia, a empresa afirma simultaneamente seu propósito e estabelece um padrão. Seus funcionários não são meros mulheres e homens, mas *senhoras e senhores* que estão no mesmo nível dos distintos hóspedes para quem prestam serviço. Os funcionários são profissionais que atendem profissionais, e ambos os grupos são valorizados e respeitados, igualmente, pela empresa.

Muitas organizações dizem que seu recurso mais importante são as pessoas. O Ritz-Carlton vai um passo além e coloca essa mensagem em sua declaração de missão, em seu treinamento e em suas operações diárias.

CRIANDO UM PROPÓSITO MOTIVADOR

Uma boa declaração de propósito pode oferecer motivações intrínsecas e extrínsecas. As motivações intrínsecas nos inspiram por dentro. Elas são o desejo de ajudar, o desejo de conectar-se com outros e o desejo de crescer. As motivações extrínsecas nos inspiram a usar fatores externos, como dinheiro, imagem ou status social. As *melhores* declarações de propósito oferecem mais valores intrínsecos do que extrínsecos.

Talvez porque as motivações intrínsecas tenham uma vida útil mais longa.

Os valores extrínsecos têm o hábito de mudar e se transformar em períodos mais curtos. O valor do dinheiro muda dependendo de sua localização, assim como o status social. Não há um valor absoluto e fixo: posso ir a uma cidade pequena com cem dólares e isso me proporcionaria mais opções do que se eu estivesse em uma cidade como Nova York.

As motivações intrínsecas, sendo mais fundamentais para a vida, mudam muito raramente. As pessoas sempre foram levadas a ajudar outras pessoas, e espero que sempre ajudem. Se uma empresa me convence de que existe para ajudar os outros, ou para me ajudar a ajudar os outros, ela atrairá mais facilmente meus negócios porque isso está ligado a uma de minhas motivações fundamentais.

Mesmo que seu argumento de venda seja que você faz outras pessoas ganharem dinheiro, você deve construir uma motivação intrínseca em sua declaração de propósito e suas ações. Agentes imobiliários, por exemplo, ganham dinheiro para corretores de imóveis. Por que fazer isso em vez de trabalhar por conta própria? Eles não fazem isso porque os corretores dizem "faça o que eu disser e você estará faturando seis dígitos em pouco tempo". Essa motivação extrínseca é boa, mas a maioria dos agentes se junta ao corretor por razões mais significativas: a adesão os ajuda a construir segurança financeira e uma comunidade. Essas são mensagens intrínsecas que falam sobre as principais motivações das pessoas.

SIX FLAGS E A INTERMINÁVEL LISTA DE ADJETIVOS

Vamos comparar a declaração da missão, ou de propósito, de criar felicidade da Disney com a da Six Flags, que também administra parques temáticos de grande escala:

Disney: "Criamos felicidade ao proporcionar o melhor em entretenimento para pessoas de todas as idades em todos os lugares".

Six Flags: "(Nossa missão é) oferecer as melhores atrações no mundo com entretenimento dos campos da música, teatro, esportes, cinema e televisão".

Percebeu alguma coisa? A declaração da Six Flags não faz menção a pessoas, apenas a produtos, e oferece pouco em termos de inspiração. Em vez de um propósito genuíno, a declaração parece não oferecer nada mais do que um argumento de venda direto em torno da qualidade da oferta da empresa.

Para ser justo, a empresa se mantém fiel a sua missão — a história da Six Flags de fato demonstra uma busca pelas montanhas-russas mais rápidas, altas e sensacionais do mundo. Mas, como os próprios parques, a declaração faz a empresa parecer pouco interessada em saber como seu produto faz as pessoas se *sentirem* e não oferece muito para inspirar lealdade.

Deve ser estranho se sentir ofuscado pela experiência da Disney e, ao mesmo tempo, tentar evitar qualquer semelhança com ela. Parece, para um entusiasta de experiência do cliente, que a equipe da Six Flags não consegue entender a razão do sucesso da Disney: valor emocional.

A Six Flags já foi à falência uma vez, pelo menos em parte, porque oferece esta experiência limitadora. Depois que você tiver andado nas montanhas-russas, que apego emocional você terá com esses parques para tornar a visitá-los? Embora a Six Flags tenha a propriedade intelectual da Looney Tunes e da DC Comics, ela falhou em criar o tipo de experiência e o "apelo emocional" que você encontra nos parques da Disney. A Six Flags pode realizar um ótimo trabalho ao oferecer atrações para seus visitantes, mas parece não entender a necessidade de construir *experiências* para eles.

DA CABEÇA AO CORAÇÃO

Não é difícil encontrar diferenças acentuadas nas declarações de propósito entre empresas que competem cabeça a cabeça. A declaração de propósito da Adidas é a seguinte:

"[...] ser a líder mundial na indústria de artigos esportivos, com marcas construídas sobre uma paixão pelo esporte e pelo estilo de vida esportivo".

Eis o propósito da Nike:

"[...] trazer inspiração e inovação para cada atleta no mundo".

A esta altura, sem dúvida, você vê a enorme diferença entre essas declarações — uma centrada na qualidade do produto e a outra, nas pessoas. A Nike busca uma conexão emocional direta com seus clientes atletas e considera qualquer pessoa com um corpo como atleta. Para surpresa de ninguém, cada pedaço do marketing da Nike é desenvolvido para apelar emocionalmente para seus clientes. Você conhece o slogan da Adidas? É provável que não. Mas e o da Nike? "Just do it" tornou-se um lema global e relaciona instantaneamente os consumidores com a marca Nike.

O propósito da Dunkin' Donuts é o seguinte:

"Fazer e servir o café e os donuts mais frescos e deliciosos, de forma rápida e cortês, em lojas modernas e bem comercializadas".

A Dunkin' Donuts aborda modestamente seu produto, seu processo e suas lojas. Em nenhum lugar ela menciona seu pessoal ou as pessoas a quem ela serve. As pessoas fazem o café e os donuts, e as pessoas consomem o café e os donuts — elas não deveriam ser mencionadas em algum lugar na declaração de propósito de uma empresa que faz café?

Em contraste, o propósito da Starbucks é este:

"Inspirar e nutrir o espírito humano — uma pessoa, uma xícara de café e uma comunidade de cada vez".

É preciso admitir que isso é mais estimulante do que o "café mais fresco e delicioso".

Quando seu "porquê" está centrado nas *pessoas* e em como você pretende enriquecer a vida delas, você naturalmente se torna uma marca adorada desde o início. As pessoas respondem positivamente quando você deixa claro que seu propósito é servi-las. Six Flags, Adidas e Dunkin' Donuts se concentram em si mesmas, oferecendo apenas um valor extrínseco e materialista: "melhores atrações do mundo", "marcas construídas sobre uma paixão pelo esporte" e "o café mais fresco e delicioso".

Disney, Nike e Starbucks vão em busca da felicidade, crescimento pessoal e conexão. Cada uma delas expressa fortes valores intrínsecos e seu efeito direto sobre as *pessoas*.

FUNCIONÁRIOS COM PROPÓSITO

No mercado de trabalho atual, *onde* você trabalha tornou-se tão importante quanto *o que* você faz. Mais do que nunca, as pessoas leem relatórios de cultura corporativa quando estão procurando emprego e analisam as avaliações de empregados atuais e ex-funcionários em sites como o Glassdoor.

Quando as empresas têm um propósito emocional centrado nas pessoas, o comunicam de maneira clara em seus sites e o vivem diariamente, elas atraem facilmente pessoas que pensam parecido, confiam nelas e acreditam em seu propósito.

A SpaceX, por exemplo, não teve dificuldade em encontrar engenheiros, pois seu objetivo declarado é "ajudar a raça humana a se tornar uma espécie multiplanetária". Que gênio aeroespacial comprometido não estaria interessado em fazer parte da empresa?

Quando a Pixar está procurando por pessoas, ela destaca a cultura da empresa e o ambiente de trabalho — não apenas salário, receitas ou o número de conquistas que seus funcionários conseguiram como uma equipe. A Pixar deixa claro que os contratados trabalharão com as pessoas mais inteligentes e criativas do setor.

UMA CARREIRA ORIENTADA POR PROPÓSITOS

O propósito de seus funcionários é importante não só para eles, mas para seus clientes.

Se você tiver uma chance, compare os funcionários que você vê em um Six Flags com os membros do elenco de um parque da Disney, e você notará uma diferença imediatamente. Os funcionários da Disney parecem genuinamente felizes por estarem lá e ansiosos para gerar felicidade. Só de olhar para eles você pensa: "Eles devem adorar seus empregos".

Caso você não consiga ir a um parque temático tão cedo, você também pode ver a diferença de atitude do pessoal trabalhando na Dunkin' Donuts em comparação ao da Starbucks.

Se seu objetivo é fazer o café e os donuts mais frescos e deliciosos, você está naturalmente menos interessado em quem entra pela porta do que os funcionários da Starbucks. Os baristas da Starbucks têm o propósito de inspirar e nutrir o espírito humano, uma pessoa, uma xícara de café e uma comunidade de cada vez. A parte da comunidade é tão importante quanto a parte do espírito humano. Os funcionários da Starbucks sabem que veem as mesmas pessoas diariamente e têm a oportunidade — todos os dias — de cumprir a missão e o propósito da empresa.

Em minha Starbucks favorita, um barista chamado Reggie sempre se lembra do meu nome e do meu pedido, e nós retomamos nossa conversa de onde paramos no dia anterior. (Ele está estudando administração de hotéis e eu não calo a boca sobre este livro). Não me importo com a Dunkin' Donuts, mas me sinto mais *conectado* quando visito a Starbucks.

Estes princípios se aplicam não importa o tamanho da organização. Se você é um pequeno joalheiro que vende em um estande uma vez por mês, em uma feira local, você também deve identificar seu objetivo, assim como fazem as grandes empresas. Talvez você queira fazer as pessoas se sentirem mais aventureiras — se assim for, tudo o que você cria deveria fazer exatamente isso. Se algo não torna as pessoas mais aventureiras, então está fora da marca e não deve ser vendido.

AÇÕES FALAM MAIS ALTO DO QUE PALAVRAS

Apesar do meu apoio incessante a uma formulação cuidadosa de declarações de propósito, as ações acabam falando mais alto do que as palavras. Você pode moralizar o dia todo, mas as pessoas não confiarão plenamente em você até que suas ações reflitam seu propósito declarado.

É preciso simplesmente praticar o que está sendo pregado.

Como líder, isso significa que, embora você use dados, projeções e previsões para orientar as decisões, você nunca poderá esquecer que a emoção, não a lógica, fornece a força motriz por trás de toda a atividade humana. A longo prazo, é lucrativo deixar que seu propósito emocional assuma o controle.

Quando a farmácia CVS parou de vender produtos de tabaco por conta de seu propósito de possibilitar uma sociedade mais saudável, ela perdeu dinheiro com fumantes. Apesar disso, ganhou clientes para a vida toda porque eles concordaram com seu propósito. Esses clientes cada vez mais fiéis adoraram que a CVS tivesse escolhido seguir seu propósito declarado.

A Khan Academy e a Wikipédia assumiram grandes riscos econômicos oferecendo educação e conhecimento gratuitos; no entanto, de modo geral, são organizações extraordinariamente bem-sucedidas com modelos sustentáveis e de longo prazo. No decorrer dos anos, elas se mantiveram fiéis às suas missões e desenvolveram uma base de fãs apaixonados e extensas bibliotecas.

Graças ao poder da internet, as pessoas agora reagem mais rápido do que nunca quando uma empresa não consegue estar à altura de seu propósito. Quando os policiais da Filadélfia algemaram e prenderam dois homens negros que pediram para usar um banheiro de uma Starbucks, por exemplo, isso foi imediatamente capturado em vídeo e amplamente difundido. O vídeo tornou-se viral, atraindo milhões de pontos de vista. A repercussão contra a Starbucks por chamar a polícia foi dura e imediata.

Se você for contra seu propósito declarado, as pessoas notarão.

COMO DEFINIR SEU PROPÓSITO

Quando você se propõe a elaborar sua própria declaração de propósito, é preciso abordá-la com cuidado e intencionalmente. Afinal, essa será a luz que guiará sua empresa por anos ou mesmo décadas futuras. (Sem pressão).

Para iniciantes, definir seu propósito significa explicar por que você iniciou o negócio em primeiro lugar. Você está resolvendo um problema? Você está esperando contribuir para a felicidade, sucesso ou talvez a segurança dos outros? Em seguida, a vida de quem você pretende enriquecer? Pense em *como* a vida deles será enriquecida. Como você quer que eles se sintam quando interagirem com seu negócio? Não se limite a dizer "feliz". Vá mais fundo. Você está tentando remover o medo ou a frustração da vida deles? Talvez provocar uma sensação de alívio ou inspiração? Por último, não é uma má ideia descrever o que você faz ou o que planeja fazer. Isso não é o mesmo que "porquê" ou "quem" ou "como" — é simplesmente "o quê". Você fornece alimentos, ferramentas, know-how, conexão social?

Pronto. Não foi tão ruim, não é mesmo? Vejamos algumas empresas que passaram por este exercício.

O propósito da Kellogg's, por exemplo, fala sobre "nutrir famílias, para que possam crescer e prosperar". Em outras palavras, a Kellogg's afirma que se preocupa mais com o bem-estar de sua família do que com cereais.

A companhia de seguros AIG identifica seu propósito como "ajudar as pessoas a gerenciar riscos e a se recuperar da dificuldade de perdas inesperadas". Essa declaração tem duas partes, cada uma das quais responde elegantemente às perguntas de "o quê" e "por quê". Cada parte também tem um componente emocional básico. A gestão de risco promete a redução do medo e a recuperação da perda promete a redução da tristeza.

Note que essas empresas estão nos dizendo diretamente *como* enriquecerão nossas vidas, e esse enriquecimento da vida dos clientes é o propósito de seus negócios.

Há alguns anos, Greg Ellis, CEO do REA Group, disse que o objetivo de sua empresa era criar um processo imobiliário "simples, eficiente e sem estresse" para as pessoas comprarem e venderem um imóvel. Se ele tivesse dito apenas que a empresa queria tornar o processo simples e eficiente, o REA Group não seria diferente de qualquer um de seus concorrentes. Contudo, quando acrescentou "sem estresse" à missão,

Ellis aumentou a aposta ao prometer remover a ansiedade e o medo de um processo que invoca um pouco de estresse.

Emocionalmente, o REA Group reconhece que seus potenciais clientes podem estar ansiosos, e que a empresa pode ajudar a aliviar este tipo de medo por eles. Desta forma, constrói-se confiança com suas palavras.

Será que as palavras importam? Com certeza. Mas se a REA aplicar a frase "sem estresse" em seu treinamento e na jornada do cliente, essa execução de seu propósito com certeza será emocionalmente importante, tanto para os funcionários quanto para os clientes. Se não há seguimento, não faz sentido.

Se você elaborar uma declaração de propósito autêntica, não será necessário referir-se a ela toda vez que você ou um de seus funcionários tomarem uma decisão. Suas ações orientadas por propósito se tornarão uma segunda natureza. Assim que você e sua equipe começarem a incorporar o propósito de sua empresa, os clientes começarão a seguir e a incorporá-lo também, às vezes inconscientemente.

É importante que sua declaração de propósito ressoe com clientes, ajude a informar as decisões comerciais e inspire funcionários a fazer seu melhor trabalho, mas principalmente precisa ser importante para *você*, a pessoa que define o próprio futuro da organização.

Se sua declaração de propósito não o inspira, você não pode liderar pelo exemplo, e não vai atrair ou reter os funcionários necessários para agir de acordo com seu propósito.

CAPÍTULO CINCO

LIDERANDO COM EMOÇÃO

As pessoas não se importam com o quanto você sabe, até saberem o quanto você se importa.

— THEODORE ROOSEVELT

Uma vez que você tenha desenvolvido um propósito claro e focado nas pessoas para sua empresa, é hora de dar um passo à frente e começar a usar essa forte base para permitir que você *lidere com emoção.*

A cada ano, o Fórum Econômico Mundial publica um relatório sobre tendências comerciais, cobrindo uma ampla gama de tópicos. Em sua pesquisa de 2017, foi descoberto que a *inteligência emocional* será uma das principais características que os recrutadores procurarão em novos funcionários durante a próxima década.[9] Os gerentes de contratação,

9. Alex Gray, "The 10 Skills You Need to Thrive in the Fourth Industrial Revolution", *World Economic Forum*, 19 de janeiro de 2016.

no relatório, reconheceram que a inteligência emocional será muito requisitada em vários setores — ainda mais do que habilidades técnicas, como programação e operação de equipamentos, que impulsionaram a maioria das contratações na década passada.

Por que esta mudança de foco? A tecnologia está evoluindo de forma rápida, e depois que os computadores começarem a fazer a logística e o trabalho manual, as empresas terão que se concentrar no trabalho emocional.

Houve uma época em que um dos traços mais importantes de um líder era não demonstrar emoção. Quando decisões difíceis precisavam ser tomadas, as pessoas acreditavam que usar a emoção levaria a um resultado negativo. Isso foi verdade, especialmente nos últimos trinta anos, quando inúmeras empresas foram construídas por pessoas popularmente conhecidas como "idiotas brilhantes". Isso inclui pessoas como Steve Jobs, Mark Zuckerberg, Evan Spiegel, Travis Kalanick e outros reconhecidos ao mesmo tempo como gênios e idiotas.

Vamos olhar mais de perto os idiotas brilhantes daqui a pouco, mas o ponto importante aqui é: o mundo transformou o ambiente no qual esses tipos de líderes eram bem-sucedidos. Agora que as histórias e a emoção viajam na velocidade das redes sociais, a persona do idiota brilhante se tornou um modelo de liderança obsoleto.

LIDERANDO EM UM MUNDO EMOCIONALMENTE CARREGADO

Agora que as empresas existem em um mundo emocionalmente carregado, é vital para qualquer líder, seja ele líder de muitos ou poucos, entender a Economia da Emoção.

Paul Graham, cofundador da Y Combinator, uma das incubadoras mais bem-sucedidas do mundo, reconhece — e adota — essa tendência. Uma vez, foi-lhe perguntado sobre a relevância de idiotas brilhantes na sociedade de hoje. Graham respondeu da seguinte forma:

> Financiamos várias startups de vários bilhões de dólares, e os fundadores são todos boas pessoas. Com base no que vimos até agora, as boas pessoas levam vantagem sobre os imbecis. Provavelmente porque, para ficar realmente grande, uma empresa precisa ter um senso de missão, e as boas pessoas têm mais probabilidade de ter uma missão autêntica, em vez de serem motivadas apenas por dinheiro ou poder.[10]

Em outras palavras, a empatia está substituindo o domínio.

MANIFESTANDO INTELIGÊNCIA EMOCIONAL

O que é inteligência emocional? Isso significa que você pode reconhecer como outra pessoa se sente e antecipar o que ela precisa. Significa também que você está ciente de suas próprias emoções e de como elas podem afetar suas ações. Quando você entende quais emoções estão presentes, usa essas informações para agir com responsabilidade emocional. Para começar, isso significa resistir ao impulso de ser um imbecil e se concentrar nas emoções das outras pessoas e no que as motiva *positivamente*. Relacione essa ideia com o último capítulo:

Compreender a emoção permite concentrar seus esforços, motivar sua equipe e cumprir com o propósito de sua empresa.

Para conseguir isso, você deve aprender a reconhecer suas próprias emoções em primeiro lugar e aplicá-las de forma responsável e produtiva. De fato, reconhecer e utilizar sua inteligência emocional pessoal pode ser a responsabilidade mais importante de todas.

Com isso em mente, vamos começar com *você*; então discutiremos gestão de pessoas e como usar a emoção de forma eficaz enquanto se comunica. Vamos encerrar o capítulo com a diferença entre tomada de decisões racional e emocional e como isso realmente ocorre em um ambiente de negócios.

---

10. "Why Tech Founders Who Act Like Jerks Become Rich and Successful", Inc. Disponível em: <https://www.inc.com/alyson-shontell/why-some-tech-founders-behave-badly-and-findsuccess.htm>. Acessado em: 14 de janeiro de 2014.

Um simples incidente do meu passado definiu para sempre minha compreensão pessoal do líder emocionalmente inteligente.

Eu tinha acabado de terminar o ensino médio quando comecei a trabalhar na Apple Store. Estávamos sempre pensando em maneiras de melhorar a experiência para os clientes da loja, e eu estava entusiasmado com as mudanças e as novas ideias. Não muito tempo depois que comecei, fui nomeado para a função de mentor. Eu assumi minhas novas responsabilidades e agi de acordo com elas. Talvez até demais.

Pouco tempo depois de ter assumido minha nova função, fui chamado ao escritório pelo gerente sênior, que tinha me contratado, e um novo gerente inexperiente, que tinha iniciado alguns meses antes.

O novo cara se sentou, claramente irritado, apontou o dedo para mim e exclamou: "Você está se tornando nocivo, e precisamos falar sobre sua função aqui!" Eu não tinha ideia do que ele estava falando, mas definitivamente ouvi *como* ele disse isso, e com certeza não soava bem. Eu era jovem, estava confuso e sem palavras — o que significa que eu tinha pouco controle emocional — então comecei a chorar.

Ele não ofereceu nenhum feedback construtivo. Ele nem mesmo disse o que eu fiz de errado ou o que eu poderia fazer melhor. Quando eu retruquei, respondendo com a mesma agressão, ele me acusou de não receber bem seu feedback.

A citação de Maya Angelou sobre não lembrar o que eles disseram, mas lembrar como eles fizeram você se sentir, soou muito verdadeira nessa situação. Eu não me lembro do que aconteceu depois disso ou quanto tempo levou até eu sair do escritório, mas eu me lembro de ter me sentido péssimo.

Não demorou muito para que o gerente da loja, Johny, que tinha estado fora da cidade, se reunisse comigo na parte de trás da loja para discutir o incidente. Ele disse: "Eu gostaria de tentar conversar de novo". Eu comecei a me recompor imediatamente, envergonhado por ele ter ouvido que eu havia chorado. Ele continuou: "Mas antes de dizer qualquer coisa, quero pedir desculpas. A forma como você foi abordado não é como nós damos feedback na Apple. Você deve saber, cada um nesta loja reconhece sua capacidade de melhorar as coisas ao seu redor. E eu acho que, talvez, alguns dos gerentes tenham inveja de você estar corrigindo coisas que eles não foram capazes de corrigir com mais tempo e recursos".

Eu ri. Imediatamente, toda a minha raiva, tristeza e constrangimento tinham desaparecido. Mesmo que ele estivesse brincando, Johny neutralizou minhas emoções negativas antes de me dizer o que eu poderia fazer de diferente no futuro. Ele reconheceu meu talento, mas sugeriu que eu trabalhasse mais como parte da equipe.

Este líder emocionalmente inteligente me explicou que todos tinham seu próprio superpoder, uma capacidade única. O meu era a capacidade de resolver problemas. Meu erro? Eu estava resolvendo sozinho. Isso não era necessariamente uma coisa ruim, ele disse, a menos que eu pensasse que sempre trabalharia sozinho. Pessoas podem e devem usar seus superpoderes para ajudar uns aos outros, ele explicou.

Johny sabia que eu não tinha agido bem, mas *ele entendia como as emoções funcionavam*, portanto, mesmo que ele estivesse desapontado ou chateado, fez questão de se expressar positivamente. O novo gerente estava tentando dizer a mesma coisa que Johny, mas eu não tinha ouvido nada, e não retive nada além de agressividade.

O que quer que o novo gerente estivesse tentando dizer, o modo que ele disse nunca poderia produzir a resposta que ele esperava de mim.

AS DURAS VERDADES DA COMUNICAÇÃO

Em contraste, ficou claro que Johny entendia que, por mais honrosas que fossem nossas intenções, o sucesso da comunicação dependia inteiramente de como elas eram recebidas pelo ouvinte. Na verdade, todo o ponto da comunicação é a resposta que ela suscita. Se alguém não entender sua mensagem, é sua responsabilidade como comunicador descobrir porque o receptor está confuso e corrigir isso. Se você enquadrar sua mensagem com uma emoção negativa e a pessoa responder negativamente, é sua responsabilidade reestruturá-la.

Muitas vezes, entregamos mensagens sem nos darmos conta que emoções estamos expressando com nossas palavras. Nós dependemos muito da lógica de nossas sentenças, esperando que as pessoas ignorem nossos tons de voz. Mas, se você estiver irritado, for sarcástico ou condescendente, a pessoa muitas vezes ignorará a lógica em suas frases e se concentrará em seu tom.

Apenas alguns indivíduos aprenderam a superar a entrega emocional dos outros e concentrar-se apenas nas informações que estão sendo comunicadas a eles — pessoas como terapeutas, operadores da linha de emergência, policiais, funcionários de varejo e professores. Contudo, mesmo eles não conseguem olhar para além das emoções o tempo todo. Todas essas pessoas podem ser capazes de olhar para além da entrega emocional no contexto de seus trabalhos, mas provavelmente não em casa ou em seus relacionamentos.

TRAÇOS DE LÍDERES EMOCIONALMENTE INTELIGENTES

Há certos traços que todo líder emocionalmente inteligente apresenta. Esses traços não são hereditários; eles são cultivados e desenvolvidos ao longo de anos de trabalho intencional. Líderes emocionalmente inteligentes compartilham vários traços.

CONSCIÊNCIA DE SEUS SENTIMENTOS

Como Johny, um líder emocionalmente inteligente estará ciente de suas próprias emoções. E, quando isso acontece, você pode começar a regulá-las e canalizá-las.

Ao se deparar com uma situação, você deve se perguntar: "Como eu me sinto sobre isso, e como meus sentimentos deveriam afetar meus próximos passos, se é que afetam?" Johny havia claramente feito a si mesmo essa pergunta antes de se aproximar de mim. O novo gerente não. Em vez disso, ele deixou sua frustração com a situação o dominar e se expressou de acordo.

DISPOSIÇÃO PARA ACEITAR A IMPERFEIÇÃO

Um líder emocionalmente inteligente reconhecerá que não é perfeito e deve se esforçar para melhorar suas respostas emocionais ao tomar decisões e ao lidar com funcionários e clientes. Emoções fortes às vezes transmitem a mensagem; outras vezes, não. O líder emocionalmente inteligente percebe isso e modera suas emoções, expressando-as ou reprimindo-as conforme o caso.

De qualquer forma, a comunicação bem-sucedida é sempre o objetivo, e falhas de comunicação são oportunidades para aprender.

Líderes emocionalmente *ininteligentes* se preocupam em parecer imperfeitos para seus funcionários, e priorizam esse medo acima de todos os outros sentimentos e preocupações. Eles pensam que ser líder significa falar mais e ter o histórico mais limpo — afinal de contas, é preciso liderar pelo exemplo sendo perfeito, certo? Errado.

Ninguém é perfeito, e esses tipos de líderes são os mais prováveis de apontar dedos ou fatores de culpa fora de seu controle para qualquer falha ou erro. Com o tempo, os funcionários irão compreender e isso prejudicará sua lealdade e confiança nesse líder.

CAPACIDADE DE ADMINISTRAR O ESTRESSE

Um dos grandes benefícios colaterais de aprender sobre suas emoções será um aumento em sua capacidade de administrar seu próprio estresse — uma qualidade-chave de um líder emocionalmente inteligente. Líderes emocionalmente inteligentes terão desenvolvido mecanismos fortes e *autoconscientes* de enfrentamento emocional.

Para administrar o estresse, você deve verificar suas emoções regularmente, assim como verifica a saúde ao medir sua temperatura ou subir numa balança. Quando sua temperatura ou peso emocional subir — e você se sentir ansioso, por exemplo —, dê um simples passo para trás, reconheça a ansiedade e pergunte-se o que você poderia fazer para se sentir melhor. Esses métodos simples podem ajudar muito a moderar o estresse.

ACEITAÇÃO DE FEEDBACK

Líderes emocionalmente inteligentes são menos defensivos do que um líder típico, e eles agradecem feedbacks — de que outra forma você poderia se corrigir e aprender? A maioria das culturas empresariais, no entanto, ilustra o feedback como algo assustador e embaraçoso, o que o torna algo quase impossível de oferecer. Vamos analisar esse problema de perto no próximo capítulo, mas, por enquanto, vamos conferir algumas soluções que encontrei.

Feedback sem medo

Uma das melhores coisas que eu aprendi com a Apple foi algo que eles chamavam de "feedback sem medo". Era um processo no qual gerentes e colegas de trabalho eram encorajados a compartilhar um feedback positivo e negativo com os outros diariamente. O que tornou isso verdadeiramente especial foi o fato de que todos entendiam e perguntavam: "Para que eu entenda melhor por que você tomou esta decisão, você se importaria se eu lhe fizesse algumas perguntas?"

Se você já fez compras na Apple, essa pergunta — com poucas substituições de palavras — provavelmente soa familiar. Isso ocorre porque essa mesma fórmula é usada quando os funcionários lidam com os clientes para desvendar as motivações *deles*. O que é provavelmente mais interessante sobre esta abordagem é que a expressão "sem medo" foi cuidadosamente pensada para ajudar a remover completamente a emoção ao fornecer feedback.

O valor de desabafar

Todo ambiente de negócios às vezes fica acalorado, seja em uma conferência telefônica ou em uma reunião individual.

Como líder, você deve mostrar que não há problema em mitigar proativamente a emoção, sugerindo que todos façam uma pausa rápida para esfriar a cabeça. Isso mostra que você reconhece a existência de emoções potencialmente improdutivas e a necessidade de dissolvê-las para que o progresso possa ser feito.

Quando seus funcionários o veem calmamente pedindo uma pausa para deixar as emoções esfriarem, eles sabem que também podem dar um passo atrás quando necessário, a qualquer momento. Se alguém precisar se retirar para esfriar a cabeça a qualquer momento de sua carreira, é importante que você lhe permita ter esse momento.

Por outro lado, dizer a um funcionário para "relaxar" ou dizer "não se preocupe com isso" quando ele levanta um argumento ou preocupação pode ser visto como rude ou desdenhoso. Pior ainda, pode fazê-lo sentir-se não ouvido. Às vezes, as pessoas precisam desabafar em vez de relaxar. Um grande líder fornece uma saída apropriada para estes tipos de frustrações e ansiedades. Se você não estiver dando ouvidos a um produtivo desabafo de seus funcionários, eu recomendo fortemente que você comece a fazer isso. Às vezes um bom e antiquado reunião de festival de reclamações pode liberar muito estresse.

LENTIDÃO PARA MOSTRAR FRUSTRAÇÃO

Líderes emocionalmente inteligentes raramente mostram sua frustração com funcionários.

Embora seja impossível evitar sentimentos fortes, nós precisamos reconhecer a diferença entre nossa vida pública e particular. Às vezes é crítico sentir uma coisa e mostrar outra.

Um sentimento de frustração pode ser eficaz em certas situações, mas também pode ser doloroso, e a única maneira de saber a diferença está em compreender plenamente a situação. Se seu funcionário estiver trabalhando à meia-noite em um projeto com um prazo para o dia seguinte, você pode tirar conclusões precipitadas e sentir-se frustrado por "terem esperado até o último minuto". Não somente sua frustração se revelará ineficaz neste momento, mas também pode ser inválida porque você não conhece os detalhes. Talvez o funcionário esteja acrescentando alguns retoques finais ou refazendo uma seção que achou que podia ser melhor. Pior ainda, *a frustração com os outros poderia ser uma tentativa de absolver-se de qualquer falha.*

Se você deixar de comunicar um determinado propósito, um determinado prazo ou certas questões de bloqueio com precisão no início de um processo, você deve estar preparado para aceitar a culpa quando as coisas não correrem como esperado. Nesse caso, sua frustração será vista exatamente como uma tentativa de encobrir sua falta de comunicação efetiva. E, nesse caso, você perderá respeito e eficácia com o tempo.

IDIOTAS BRILHANTES

Então, se a liderança emocionalmente inteligente é tão importante, por que nossa cultura ainda celebra o tipo de personalidade do idiota brilhante? No início deste capítulo, eu disse que a era do idiota brilhante estava terminando. Embora eu definitivamente acredite que isso seja verdade, isso não aconteceu ainda, talvez porque os notórios idiotas brilhantes do passado são frequentemente imitados por outros.

Isso é certamente verdade para pelo menos um idiota brilhante, Steve Jobs, que inspirou inúmeros imitadores, e pode ser verdade para gestores ou executivos dentro de sua própria empresa. É provável que você conheça um gestor tóxico que desafia a todos, transfere a culpa para outros, mas, de alguma forma, consegue atingir números espetaculares. Ninguém realmente gosta de trabalhar com essa pessoa, mas ela continua a falhar para cima (seu fracasso parece ter sempre um lado positivo na carreira).

Depois que uma pessoa tem sucesso neste modelo, outras pensam que é assim que elas devem agir para ter sucesso. E o ciclo continua. Como líder, você precisa se lembrar que o sucesso a curto prazo pode levar a uma catástrofe de longo prazo. É preciso apenas um imbecil brilhante para criar uma cultura tóxica.

Vamos considerar especificamente Steve Jobs, pois ele é o paradigma perfeito do idiota brilhante e bem-sucedido. Todos conhecemos Jobs como o homem que liderou o desenvolvimento do Macintosh, iPod, iPad e iPhone, e essencialmente estabeleceu a "Igreja da Apple" com todos os seus muitos seguidores.

Em sua juventude, porém, Jobs era mais conhecido por seu temperamento. Ele ficava irritado quando seus funcionários impediam sua visão, e ficava um pouco alterado. Como meu ex-gerente, seu feedback era quase sempre inespecífico e negativo. Por fim, o ambiente tóxico que ele criou o levou à sua demissão da Apple.

Walter Isaacson, biógrafo de Steve Jobs, uma vez perguntou ao melhor amigo de Jobs, Johny Ive, por que ele achava que Jobs era tão grosseiro. Ive disse que, quando perguntou a Jobs "Por que você fica tão bravo?", Jobs respondeu que não ficava bravo. Ele disse que tinha uma habilidade única para se irritar de verdade sobre algo, mas também para superar isso rapidamente. Para ele, isso era bom o suficiente.[11]

Outras vezes, Ive disse que Jobs só podia se aliviar da raiva ou do nojo ao descontar em outra pessoa, semelhante ao modo como os valentões transmitem suas emoções negativas de todas as maneiras que puderem.

Jobs retornou à Apple no fim dos anos 1990 com uma compreensão um pouco melhor de como comunicar as emoções que ele estava sentindo e de como articular sua visão para os outros. Não se esqueça que o verdadeiro sucesso da Apple começou nesses anos — que trouxeram o iMac, o iPod, o iPhone, o iPad, e uma abordagem altamente centrada no ser humano, tanto em relação à informática, quanto ao varejo.

Travis Kalanick, cofundador da Uber, é outro notório idiota. Ele chegou a admitir em inúmeras entrevistas que não entendia as pessoas. O estilo agressivo de Kalanick e sua vontade de fazer qualquer coisa para vencer revolucionou toda a indústria de transportes, mas sua incapacidade de entender pessoas acabaram levando-o à sua ruína. Quando ele foi demitido, mais de uma dúzia de líderes do alto escalão foram demitidos ao mesmo tempo — porque, juntos, criaram um ambiente de trabalho tóxico.

Eventualmente, os membros da diretoria da Uber perceberam que se eles iam continuar a desenvolver um serviço para pessoas, eles precisariam de um CEO que entendesse os consumidores. Eles precisavam de inteligência emocional no assento do motorista. Com esse fim, eles contrataram Dara Khosrowshahi, uma ouvinte natural.

---

11. Tom McNichol, "Be A Jerk: The Worst Business Lesson from the Steve Jobs Biography", *The Atlantic*, 28 de novembro de 2011.

Outro idiota brilhante com o qual quase todos estão familiarizados é Mark Zuckerberg, que foi apresentado ao mundo como o idiota que excluiu seu melhor amigo de uma participação majoritária no Facebook, a rede social onipresente que parece perpetuar a apatia natural de Zuckerberg para com as pessoas. O Facebook permanece, em essência, uma plataforma de publicidade que se beneficia dos dados e conexões pessoais.

O que as pessoas tiram do Facebook? O vice-presidente de bem social do Facebook tem falado sobre como a sociedade está se beneficiando da plataforma, citando iniciativas como a remoção de taxas de transação para organizações sem fins lucrativos registradas que arrecadam dinheiro no Facebook. Isso não é suficiente para alguns críticos, que têm questionado sua pretensão de "fazer o bem" quando a empresa continua a vender os dados de todos para anunciantes. Quando o questionaram sobre isso, o vice-presidente não pôde dar uma resposta convincente.

Enquanto eu trabalhava nesse livro, Zuckerberg conseguiu mudar sua abordagem de liderança pelo menos parcialmente. Alguns dizem que ele fez isso com a ajuda de sua esposa, Priscilla Chan, que é conhecida por sua gentileza e empatia. Se você observar seu estilo de oratória antes e depois de conhecer sua esposa, você pode sentir uma transformação. Os dois fundaram a Chan Zuckerberg Initiative para o avanço do potencial humano e a promoção da igualdade de oportunidades.

Similar a Zuckerberg, Evan Spiegel excluiu seus parceiros de negócios da participação no Snapchat, e a empresa, liderada por um líder apático, nunca superou seu preço inicial de oferta desde que se tornou pública. É quase impossível para os idiotas desenvolverem um bom produto ou serviço para pessoas se eles simplesmente não gostam de pessoas.

O aprendizado? A liderança é a causa raiz do fracasso e da extinção de uma organização. Idiotas contratam idiotas. A reputação geral de uma empresa realmente depende de seus líderes e contribui de forma significativa para o seu sucesso. Felizmente, estamos abandonando a ideia de que as palavras "brilhantismo" e "idiota" devem caminhar juntas; já não era sem tempo.

EMOÇÕES DESLOCADAS

Um líder emocionalmente inteligente também é um líder emocionalmente autêntico. Quando as emoções são falsas ou forçadas, eu as chamo de "deslocadas".

Às vezes, é necessário ter conversas desagradáveis com funcionários. Com certa frequência, tais conversas são feitas com positividade forçada. Se você estiver sorrindo durante toda a discussão sobre atrasos crônicos de um funcionário, você está se comunicando mal; esse funcionário pode não entender que está sendo repreendido. Se você estiver triste e olhando para o chão quando disser a alguém que ele terá um aumento, ele vai esperar pela parte negativa da conversa que supõe estar chegando.

Quando você tem algo a informar, precisa fazer escolhas sobre como expor isso emocionalmente. Considere a frase: "Nós perdemos quatro clientes em um mês; acho que podemos fazer melhor". Como essa mensagem mudaria se fosse expressa com medo? E com raiva, tristeza, nojo, alegria?

O nojo provavelmente representa a pior de suas opções, porque, como revela a Economia da Emoção, *suas emoções são contagiosas.* Como líder, você deve se lembrar de que seus funcionários irão captar e interiorizar seu negativismo, e se os funcionários sentirem que seu líder está com nojo deles, eles podem muito bem responder com desânimo, uma forma de tristeza.

A tristeza tem um efeito debilitante, as pessoas tristes se tornam letárgicas, semiparalisadas. Isso pode ser mortal para uma organização. Os líderes devem ter o cuidado de nunca usar tristeza para motivar as pessoas; não só é desagradável, *como nunca funciona.*

LIDANDO COM O DESCONTENTAMENTO

A maioria de nós naturalmente tenta ignorar as emoções negativas no local de trabalho — ou pior, desviar essas emoções para os outros por meio da culpa —, mas elas estão sempre lá. As pessoas ficam irritadas com todo tipo de coisas no local de trabalho, por exemplo, quando elas descobrem que um colega de trabalho recebe mais ou que seu projeto favorito é colocado em segundo plano. Um líder pouco inteligente emocionalmente ou um idiota brilhante ignora essas frustrações porque elas são percebidas como "infantis" ou "não são uma prioridade". Tal atitude não proporciona nenhuma resolução e levará a um declínio no moral ao longo do tempo.

Um líder emocionalmente *inteligente* confrontaria as emoções negativas diretamente e o mais rápido possível, pois a consciência e a ação retardariam a disseminação da animosidade e ajudariam as pessoas a seguir em frente. Ter apenas um funcionário descontente pode ser a causa de uma tremenda quantidade de atrito em um escritório. Embora seja fácil cair na armadilha de desviar as emoções das pessoas em vez de escutá-las e responder às suas preocupações, você corre o risco de permitir que o descontentamento se espalhe. Quando se tem uma multidão furiosa em suas mãos, você provavelmente tem um problema maior para resolver. Se, por outro lado, você escuta honesta e sinceramente, pode neutralizar a situação antes que ela se transforme em um problema. Quer você chegue ou não a uma solução satisfatória, essa pessoa saberá que foi ouvida. Como aprendemos no capítulo um, permitir que as pessoas expressem sua raiva pode evitar um agravamento.

TRANSFORMANDO PALHA EM OURO

Transformar uma situação ruim em uma situação positiva requer planejamento emocional detalhado. Vamos nos concentrar em um exemplo: demissões. Afinal, demitir funcionários é (infelizmente) uma prática comum que nem sempre é feita da melhor maneira. Surpreendentemente, nem todos os líderes reconhecem as consequências negativas que uma empresa sofre após as demissões; elas não só fazem parecer que você não tem controle sobre seu negócio, mas também fazem com que todos os envolvidos se sintam inseguros e temerosos.

Como os líderes devem proceder se as demissões são iminentes? Para começar, eles devem evitar pensar em demissões como sua *primeira abordagem* em tempos difíceis. É um equívoco comum que demissões são o melhor primeiro passo a ser dado.

Em um período de cinco anos, entre 2012 e 2018, por exemplo, a IBM, uma empresa de informática, demitiu mais de trinta mil funcionários, a maioria dos quais estavam na empresa desde os anos 1980.[12] Resumindo: a IBM demitiu vinte mil funcionários que tinham mais de quarenta anos de idade nos últimos cinco anos, o que corresponde a sessenta por cento do total dos cortes na empresa. Isso significa 33.333 demissões nos últimos cinco anos. Demissões contínuas criam um ambiente tóxico e inseguro dentro da organização, onde os funcionários se perguntam constantemente se seus empregos estão em risco. Não surpreendentemente, os funcionários da IBM estão muitas vezes em busca de novos empregos. Eu entrevistei um grande número deles.

As demissões não *precisam* ser a solução padrão. Muitas vezes é possível administrar o negócio e mitigar as emoções dos funcionários durante tempos difíceis, implementando licenças temporárias em vez de demissões.

A Honeywell, uma multinacional estadunidense, tentou esta abordagem, oferecendo licenças não remuneradas de quatro semanas durante uma recente recessão. Ela deu a funcionários a opção de usar todo esse tempo de uma só vez, ou dividi-lo ao longo do ano, pontuando que o orçamento se equilibraria se cada um dos funcionários da empresa passasse mais tempo não remunerado. Em vez de prejudicar muito poucas pessoas, a empresa prejudicou pouco muitas pessoas, e o impacto emocional foi surpreendentemente positivo.

Os funcionários que conseguiram, trocaram seu tempo livre com aqueles que não puderam tirar suas quatro semanas não remuneradas, o que criou uma pequena economia de férias não remuneradas. Toda a empresa estava emocionalmente mais otimista após a licença, especialmente porque cada trabalhador havia mantido seu emprego.

Em um mundo perfeito, os líderes seriam capazes de evitar completamente as emoções negativas. No mundo real, isso nem sempre é possível. O que é possível é incutir um senso de comunidade dentro da

12. Peter Gosselin e Ariana Tobin, "Cutting 'Old Heads' at IBM", ProPublica, 22 de março de 2018. Disponível em: <https://features.propublica.org/ibm/ibm-age-discrimination-american-workers/>.

empresa para que, quando os tempos difíceis chegarem, todos saibam que estão juntos e que podem contar com seus colegas de trabalho para dar empatia e apoio.

GERINDO PESSOAS EMOCIONALMENTE

Um líder emocionalmente inteligente pode motivar seu pessoal de formas profundamente emocionais. No nível mais fundamental, isso significa compreender e utilizar a troca emocional que aprendemos no capítulo dois de maneira plena.

Como líder, você sem dúvida transfere sua alegria, tristeza, raiva, medo e nojo — ou uma amálgama de coisas semelhantes — para sua equipe e para a organização em geral todos os dias.

Este poder lhe permite construir ou destruir o moral, e com grandes poderes vêm grandes responsabilidades.

A transferência de emoções para sua equipe não é opcional. Como um líder, você fornece o ambiente emocional para sua equipe; caso contrário, o ambiente de equipe torna-se vulnerável a quaisquer emoções negativas que seus membros tragam à mesa. Ao agir como um farol, você, como líder, pode diminuir o descontentamento no ambiente e criar espaço para um movimento de avanço.

Não importa o que aconteça, os líderes devem manter seus dedos sobre o pulsar das emoções de suas equipes e sua atenção na animosidade que pode irromper de qualquer pessoa em qualquer nível. Se isso acontecer, é importante rapidamente sentar-se com os envolvidos e ouvi-los para compreender seus sentimentos. Você não apenas ganhará conhecimento sobre o que está acontecendo, mas sua atenção também permitirá que o funcionário se sinta ouvido, para que possa voltar a seus amigos e colegas de trabalho e esclarecer a situação com base em sua conversa.

ABSORVENDO A EMOÇÃO E REDIRECIONANDO O NOJO

Em uma das últimas empresas onde trabalhei, havia uma funcionária que simplesmente não se dava bem com os outros. Vamos chamá-la de

Courtney. Courtney era muito mandona, embora ela não fosse a chefe. Era óbvio que ela era uma trabalhadora esforçada, mas faltavam-lhe os recursos necessários e merecidos, então ela sentia que estava fazendo mais do que todos os outros, apesar de todos terem enfrentado as mesmas dificuldades. Afinal de contas, era uma startup.

Courtney frequentemente tomava decisões e delegava sua carga de trabalho de uma forma que colocava muita pressão e estresse sobre seus colegas — e ela não era muito simpática ao fazer isso. Suas instruções eram inconsistentes, e a pequena equipe com quem ela trabalhava estava constantemente confusa e frustrada, e não tinha o foco necessário para que os membros tivessem sucesso em suas próprias funções, que dirá completar o trabalho extra que ela lhes pedia para fazer. Frustração e animosidade estavam se espalhando como um câncer por toda a equipe.

Dois gestores assumiram, em sucessão. Primeiro veio Mike, então Eric. Aprendi muito com as diferentes maneiras que estes dois homens abordaram a questão de Courtney.

Mike ignorou quaisquer questões envolvendo Courtney. Ele tinha receio de ser o alvo da agressão dela, então deixava de lado as reclamações e concordava que ela não tinha os recursos de que precisava, nunca realmente abordando as necessidades ou emoções da equipe, ou de Courtney. Era possível sentir que o câncer da infelicidade continuava a se espalhar.

Após três meses, Mike deixou a empresa e Eric assumiu, enfrentando os mesmos desafios. Eric, no entanto, imediatamente sentou-se com cada funcionário e os ouviu delinear seus projetos e situações atuais. Eric tinha ouvido de alguns funcionários sobre a frustração com Courtney. Como funcionário após funcionário veio a Eric com reclamações, ele reconheceu que também se sentiria chateado se uma colega de trabalho lhe dissesse o que fazer quando ele mesmo já tinha trabalho o suficiente. Ele conversou com cada funcionário de disse: "Entendo, isso é frustrante. Mas, quando você fala mal de alguém, isso ressoa com os outros, e a animosidade cresce a partir daí". Ele claramente entendia a Economia da Emoção.

Logo depois, Eric estabeleceu uma forma não emocional de orientar Courtney. Sempre que ela precisava de ajuda com alguma coisa, ele dizia para ela acrescentar isso a uma planilha de cálculo, que ele revisaria para encontrar os melhores recursos para realizar o trabalho. Embora isso possa ter parecido uma forma condescendente de abordar a situação, sua solução funcionou. Courtney estava feliz, a equipe estava feliz e os negócios se tornaram mais eficientes do que antes.

Mais importante ainda, Eric ouviu as preocupações de *cada* funcionário e lhes permitiu expressar seus sentimentos. Não apenas escutou, mas também desenvolveu cuidadosamente um plano para reconhecer e resolver essas emoções sem deixar que elas atravessassem toda a empresa.

USANDO O MEDO

Os líderes às vezes usam o medo como uma emoção-padrão para motivar os outros. Por quê? Porque o medo é o motivador mais convincente das cinco emoções básicas. Nosso instinto de sobrevivência de lutar ou fugir entra em ação e nos move mais rapidamente do que qualquer outra resposta emocional.

Com o passar do tempo, porém, o medo tem seu preço.

Steve Jobs usou o medo com tanta frequência que seus funcionários cunharam a expressão "campo de distorção da realidade" para descrever seu estilo. Ele estabelecia metas e prazos ridículos, e as pessoas trabalhavam temerosamente para atingi-los. Ele não tinha dúvidas sobre despedir pessoas se elas dissessem algo de que ele não gostasse, assim os funcionários passaram muito tempo tentando viver de acordo com seus padrões.

Com o tempo, porém, suas técnicas exauriram a cultura da Apple. Embora os funcionários de Jobs tivessem feito um grande trabalho, constantemente viviam com medo de ser despedidos ou de falhar em uma tarefa que exigia muito deles. Quando eles não conseguiam manter o ritmo, os membros da equipe começavam a partir. Tão importante quanto isso, eles não recomendavam a Apple como um bom lugar para se trabalhar. Pouco depois, soube-se que Jobs não era um bom sujeito para se trabalhar e ele foi afastado.

Às vezes, estimular o medo é apropriado; se os funcionários consistentemente falham em atender às exigências, eles devem provavelmente ter medo de perder seus empregos. Mas, quando o medo é o único oxigênio que alguém recebe, em algum momento começará a asfixiar. Se você também puder oferecer apoio, sua equipe responderá trabalhando pelo menos com o mesmo empenho, mas sem os ressentimentos.

EMPATIA PARA INICIANTES

Às vezes, como líderes, esquecemos que nossos funcionários têm vida fora das quatro paredes do escritório. Na verdade, os tradicionais livros de administração frequentemente encorajam os líderes a tratar as pessoas como peças de xadrez ou engrenagens intercambiáveis em uma máquina. É compreensível de uma perspectiva comercial; as decisões são certamente muito mais simples de tomar se você não tiver que considerar as famílias de seus funcionários, trajetos de ida e volta, ou contas a pagar.

A questão é que as pessoas não são peças de xadrez. Elas também não são meras engrenagens em uma máquina, e um líder emocionalmente inteligente reconhece isso. Os funcionários são seres humanos, com vidas pessoais fora da empresa — vidas que dependem de seu trabalho e renda. O líder emocionalmente inteligente também entende que funcionários têm necessidades e objetivos diferentes dentro da empresa. Eles às vezes cometem erros, enquanto em outras ocasiões precisarão de maiores desafios para mantê-los engajados. Se colocarmos essas verdades na vanguarda de nossos relacionamentos, nossos funcionários sentirão nossa empatia, responderão com entusiasmo e farão seu melhor trabalho. Tantas empresas perdem funcionários bons e competentes simplesmente porque eles sentem que são tratados como máquinas, com entradas e saídas, e não como os seres emocionais que são.

TOMADA DE DECISÕES

Pessoas que desconhecem como as cinco emoções básicas impactam suas habilidades de tomada de decisão são suscetíveis a más escolhas.

Mas, antes, deixe-me dar-lhe um rápido resumo sobre tomadas de decisões em geral.

RESULTADOS ESPERADOS E IMEDIATOS

Independentemente do que sentimos quando tomamos uma decisão, nós as tomamos com base em uma mistura de *resultados emocionais esperados* e *imediatos*, que têm recompensas emocionais muito diferentes.

Se você se inscrever em um programa de emagrecimento ou em uma academia, você provavelmente terá o *resultado esperado* e se sentirá melhor depois de algum tempo. Resultados esperados geralmente não são ganhos a curto prazo. Eles exigem investir agora com a promessa de colher os benefícios mais tarde.

Por outro lado, quando você compra algo por impulso porque você acredita que a compra fará com que você fique feliz, você tomou essa decisão devido a seu *resultado imediato*.

Eu mesmo sou um tipo de pessoa de resultado imediato. Estou sempre em busca de uma próxima coisa nova para a qual eu não terei espaço e, de alguma forma, minha esposa não me impede. Provavelmente porque eu justifico as compras para ela com os resultados esperados a longo prazo, mas a quem eu estou enganando? Eu não passo de uma pessoa impaciente.

TOMANDO DECISÕES EMOCIONAIS

Tomar uma decisão enquanto experimenta certa emoção tem suas vantagens e desvantagens. Vamos passar por cada emoção básica e como elas o afetam durante o processo decisório.

Primeiro, a raiva. Se as pessoas se enfurecerem rapidamente, correm o risco de ultrapassar a decisão ideal. Respostas enraivecidas muitas vezes rompem de um impulso para demonstrar domínio ou força e tendem a ser muito dramáticas. Quando alguém está "enxergando vermelho", está cego para o caminho correto.

A seguir, o medo. As pessoas medrosas correm poucos riscos, se é que correm algum, em seus processos decisórios. Elas se movem lentamente e muitas vezes são desnecessariamente minuciosas; podem ser encontradas protelando de várias maneiras antes de fazer uma escolha final. Elas são também pegas dizendo "sim" a más ideias por medo de serem vistas como malvadas.

Depois, há a alegria. O que poderia estar errado com a alegria? A questão é que as pessoas alegres querem manter esse sentimento, não importa como. Assim elas podem resistir às mudanças simplesmente porque isso coloca seu conforto e felicidade em risco. Pessoas alegres também são muitas vezes agradáveis às pessoas; elas se tornam felizes quando outros estão felizes. Isso as torna vulneráveis a fazer uma escolha ruim em um esforço de agradar os outros, não porque é a melhor escolha para elas ou para o negócio.

O nojo e a tristeza também têm um impacto. Em geral, quando as pessoas sentem nojo ou tristeza, elas querem que isso pare. Se elas odeiam algo ou alguém, vão fazer o que puderem, assim que puderem, para bloquear o objeto — ou o indivíduo. Isso toma forma como uma reação automática, ou uma decisão míope que mais tarde é considerada inadequada, uma vez que todos se acalmam e a intensidade das emoções diminui.

CONSIDERE O RESULTADO EMOCIONAL

A chave para a tomada de excelentes decisões é reconhecer as emoções acima à medida que elas surgem e deixá-las de lado se necessário. Um líder emocionalmente inteligente sabe que suas próprias emoções não precisam tomar o centro do palco; elas podem esperar fora dos holofotes. O líder emocionalmente inteligente se concentra, em vez disso, nas emoções do indivíduo ou do grupo que suas decisões afetarão.

Quando as empresas se esquecem de pensar no resultado emocional de seus produtos e serviços, elas correm o risco de que todos os clientes fiquem satisfeitos. O Groupon é um exemplo perfeito disso. O site de *e-commerce* começou com a nobre ideia de ajudar pequenas empresas a crescer, dando-lhes ferramentas intuitivas para atrair novos negócios por meio de ofertas e descontos. Os consumidores adoraram. Os negócios, nem tanto. Isso porque os consumidores dependiam tanto do Groupon, que eles não tinham razão para sair do corredor da barganha. Os espectadores de teatro, por exemplo, usaram o Groupon para comprar ingressos com tanta frequência que só iriam ao teatro se tivessem um desconto. Eles tornaram-se mais leais ao Groupon do que às empresas, que, é claro, só fizeram baixar os preços e desencorajaram negócios semelhantes. O Groupon acabou não sendo apreciado por pequenos negócios, exatamente o oposto de sua intenção.

O melhor dia do Groupon foi o primeiro dia em 2011, quando seu preço de ações (oferecido a 28 dólares por ação e batendo 31 dólares por ação naquele dia) fechou aos 26 dólares. Menos de um ano depois, caiu constantemente para menos do que três dólares, com uma média de cerca de cinco dólares desde então. A experiência do Groupon deixa claro que não entender resultados emocionais pode levar a maus resultados; da mesma forma, compreender essas emoções pode melhorar sua chance de sucesso.

BUSQUE O ALINHAMENTO EMOCIONAL

Mais cedo ou mais tarde, todo líder precisará enfrentar uma crise. Não importa o tamanho ou o alcance da crise, é fundamental alinhar as emoções das pessoas afetadas e do público em geral. A lógica e o planejamento só vão convencer as pessoas de que você tem um plano forte e está avançando até certo ponto; a maioria das pessoas não se sente ouvida e não vai te ouvir até que você reconheça suas emoções.

Por exemplo, quando a United Airlines removeu à força um passageiro de um de seus aviões devido a um *overbooking*, o clamor do público foi instantâneo e generalizado. Aconteceu novamente, quando um comissário de bordo da United Airlines pôs um cachorro pequeno no compartimento superior, o levando à morte. E de novo, no início de 2018, quando foi revelado que a United Airlines foi responsável por dois terços de todas as mortes de animais de estimação em aviões em 2017.[13] Cada caso se agravou com a ajuda das mídias sociais, assim como

13. U.S. Department of Transportation, "Air Travel Consumer Report", fevereiro de 2018. Disponível em: <https://www.transportation.gov/sites/dot.gov/files/docs/resources/individuals/aviation-consumerprotection/304371/2018februaryatcr_0.pdf.>

as emoções associadas aos eventos, da raiva ao nojo, se intensificaram. Crises como essas não passam mais despercebidas, por isso é importante ter um plano para o caso de sua empresa cometer um erro.

Vamos imaginar que sua empresa cometa erros semelhantes. Eu espero que você nunca se encontre nesta situação, mas se você estivesse, o que faria?

Se você é um líder emocionalmente inteligente, sabe que é perspicaz atacar o problema de frente. Não deixe que as emoções corram desenfreadamente on-line. Geralmente isso significa reconhecer rapidamente o evento, alinhado com as emoções daqueles que foram afetados, e assegurar ao público que haverá uma ação rápida para analisar melhor a causa do problema e garantir que isso não ocorra de novo. Pontos extras se você trabalhar com as pessoas afetadas para chegar a um plano abrangente para reconquistar a confiança do público. Dica profissional: apresente esse plano ao público quando terminar.

Se seu plano é desapontar e exacerbar ainda mais as emoções do público, então você vai querer transferir a culpa para a(s) vítima(s), dizer às pessoas que estão reagindo de forma exagerada, ignorar completamente o problema, ou qualquer combinação destas três opções. Embora eu não recomende isso.

No geral, é impossível liderar de maneira efetiva se você não puder empatizar com as pessoas ou antecipar suas emoções e agir em conformidade.

CAPÍTULO SEIS

DESENVOLVENDO CULTURA

Ao lidar com pessoas, lembre-se de que você não está lidando com criaturas de lógica, mas criaturas de emoção.

— DALE CARNEGIE

Se seus funcionários sentem que pertencem a sua empresa, que fazem parte de uma cultura que os valoriza, eles não apenas serão mais felizes no trabalho, mas também trabalharão mais duro e serão mais leais à empresa. Que tipo de cultura você está desenvolvendo?

Considerando a importância da cultura para uma empresa, uma equipe esportiva, um restaurante, uma instituição de caridade, uma faculdade, uma igreja — como você quiser — é espantoso como essa pergunta é raramente feita.

Neste capítulo, não apenas perguntamos, mas também respondemos à pergunta ao olhar para os métodos mais bem-sucedidos de organizações para estabelecer uma cultura de pessoas trabalhadoras e leais.

Começaremos com o processo de contratação e caminharemos por todo o ciclo de vida de um funcionário.

ACRESCENTANDO À EQUIPE

Seja você da equipe de recursos humanos de uma grande corporação ou o cofundador de uma empresa, você deve considerar como quer que sua organização seja percebida durante todo o processo de contratação. A imagem que as pessoas formam de sua empresa ao longo deste processo não apenas determina quem você atrai, mas ajudará a garantir seu ajuste a longo prazo.

Olhe ao redor de seu escritório. Que tipo de ambiente de trabalho você criou? É acolhedor para as pessoas que procuram ingressar na empresa? Quando elas vêm para serem entrevistadas, se sentem confortáveis em ver um espaço calmo e tranquilo cheio de trabalhadores produtivos e independentes? Ou é mais provável que se sintam confrontadas com um escritório de alta pressão onde todos estão correndo tentando atingir prazos agressivos sob rígido controle? Não há cultura certa ou errada; o que importa é o quão bem o candidato e a empresa combinam.

Fazer uma boa contratação depende em parte de quão bem suas ofertas estão alinhadas com as necessidades e expectativas do candidato, por isso é útil colocar-se no lugar deles. Se você fosse eles, o que esperaria? Benefícios completos? Equidade no negócio? Autonomia em seu trabalho? Tudo o que você faz no processo de contratação, até a escolha de palavras que você usa em seus anúncios de trabalho, deve pintar um quadro do ambiente que eles podem esperar.

O Google, por exemplo, destaca seus serviços de saúde no local, tempo pessoal flexível e benefícios como a alimentação gratuita durante todo o dia, diariamente. O Ritz-Carlton — onde senhoras e senhores servem senhoras e senhores — enfatiza como os funcionários aprendem uns com os outros em uma cultura que fomenta e apoia a criatividade. Cada empresa proporcionou uma estrutura emocional correta em sua linguagem de recrutamento.

Se você quiser engajar as *melhores* pessoas, você deve pensar em todo o seu processo de contratação de um ponto de vista emocional para evitar desestimular, ou mesmo perder, os melhores candidatos. Você pode ter identificado o candidato ideal, mas se ele ou ela ficar muito frustrado com seu processo, é o fim do jogo. Buscar ativamente novas oportunidades de emprego já é estressante o suficiente; não há necessidade de exacerbar isso. Cabe a você se certificar de que o processo é tão suave e agradável quanto possível para que seus melhores candidatos possam alcançar a linha de chegada.

FACILITE A CANDIDATURA

O primeiro passo do candidato é um pouco confuso, portanto, considere-o cuidadosamente. Eu conheço pessoas que não se candidatam a empregos aos quais estão qualificadas porque os passos iniciais são desgastantes; além de uma carta de apresentação, a empresa quer que façam um teste de QI e depois descrevam sua primeira memória e como isso afetou a vida delas — tudo isso antes de se candidatar. Fazer os candidatos pularem através de aros dessa forma pode parecer útil para um departamento de RH, mas quando um candidato qualificado está se candidatando a dezenas de empregos, cada um exigindo um conjunto único de documentos, esses testes extracurriculares apenas servem para frustrar e desencorajar.

Você também deve tentar ao máximo não manter os candidatos esperando muito tempo. Após se candidatarem, eles podem se sentir aliviados, mas esse sentimento não dura tanto. Em seguida, eles enfrentam um assustador período de espera de um retorno do recrutador. No mínimo, empresas emocionalmente perspicazes estão cientes desse sentimento e enviam uma simples resposta automática dizendo: "Recebemos sua candidatura e responderemos quando tivermos a oportunidade de olhá-la". Muitas, no entanto, não se preocupam em responder de forma alguma.

O QUE NÃO FAZER DURANTE A SELEÇÃO

Tratar bem os candidatos reflete positivamente em sua empresa. Isso transmite uma mensagem agradável sobre sua cultura contra alguns processos de candidatura que parecem ter sido criados para deixar o candidato desconfortável. Como muitos outros, eu tive alguns exemplos espantosos de desconforto ao passar por um processo de contratação. Por exemplo, uma vez participei de uma entrevista com a empresa de consultoria de alto nível Accruent e entrei em uma experiência inesquecível e bizarra que mudou minha percepção da empresa para pior.

Na época, se a Accruent gostasse de você depois de uma ligação telefônica, ela lhe daria um teste de aptidão para fazer em casa e no escritório deles. Era exatamente o mesmo teste, mas a Accruent fez com que os candidatos o fizessem duas vezes, porque as pessoas poderiam ficar nervosas ao realizá-lo no escritório e não representariam suas verdadeiras habilidades; elas tendiam a fazê-lo melhor em casa. Mas algumas pessoas trapaceiam em casa, então a empresa não confiava nesses resultados de qualquer forma. Era uma armadilha, mas eu fui em frente e fiz o teste duas vezes.

Quando cheguei para a versão no escritório, pensei que estava no lugar errado. Entrei em uma área de recepção vazia, sem recepcionista. Andei pelo lugar, mandei um e-mail para a recrutadora e bati em todas as portas disponíveis. Quando eu estava prestes a desistir, a recrutadora chegou e me encaminhou para outro espaço. Era um armário de utilidades equipado com uma pequena mesa e um laptop.

"Hum, talvez isto seja parte do teste? Eles querem ver se eu sei lidar com desafios?", eu pensei.

Ela respondeu, alto o suficiente para que todos ouvissem: "Bem, parece que você não é esperto o suficiente para trabalhar aqui".

Eu ainda pensava que isso tinha que fazer parte do teste, junto com a humilhação do armário de utilidades e do público na sala de recepção, mas não. As outras pessoas agora estavam evitando contato visual comigo. Ela estava falando sério.

A Accruent certamente conseguiu fazer com que eu me sentisse desconfortável naquele dia. Não tenho certeza do que queriam com esse exercício; se é assim que ela lida com todos os seus candidatos, por que alguém gostaria de trabalhar lá?

RESPONDA COM PONDERAÇÃO

Quando você *responder*, sua mensagem deve ser bem pensada e oportuna, ao contrário daquela que recebi da uShip, uma empresa de internet para a qual me candidatei ao cargo de gerente de suporte em junho de alguns anos atrás. Recebi rapidamente uma resposta, que parecia esperançosa: "Obrigado por seu interesse no emprego na uShip. Se sua experiência corresponder às nossas necessidades, nós entraremos em contato com você". Então nada mais. Quando algumas semanas se passaram sem nenhuma outra mensagem, eu presumi que a empresa tinha decidido não dar prosseguimento e segui em frente.

Então, em uma manhã de novembro, recebi um e-mail informando que o gerente de contratação "não estava interessado em seguir com a contratação neste momento".

Isso mesmo, depois de cinco meses a uShip respondeu com um e-mail de "não, obrigado". Eu me senti tão desprevenido e confuso que não pude deixar de dar feedback.

"Embora eu aprecie a rejeição formal, não acredito que uma resposta após cinco meses seja necessária ou apropriada. Espero que este feedback ajude a equipe de recrutamento a lidar com futuros candidatos", escrevi.

Desta vez, a uShip não esperou cinco meses para responder. Em vez disso, a empresa enviou esta mensagem:

"Não há 'equipe', eu gostaria que houvesse, mas sou apenas eu. Eu poderia ser como qualquer outro recrutador lá fora e simplesmente não responder, mas acredito na cortesia. É muito difícil gerenciar milhares de candidatos a várias vagas de emprego, mas não vou aborrecê-lo com os detalhes dos meus desafios em essencialmente dobrar uma empresa de porte durante um período de um ano. Espero que você encontre paz e uma disposição mais positiva antes de se candidatar em outro lugar. A vida é difícil, mas é ainda mais difícil com uma atitude negativa. Tudo de bom!"

A recrutadora estava claramente na defensiva; ela pensava que estava fazendo a coisa certa, e eu havia lhe dito que não fazia diferença. Em vez de fazer com que a rejeição parecesse melhor por ser cortês, como eu acredito que ela pretendia, ela piorou a situação ao confirmar a rejeição meses depois. Quando recebi seu segundo texto, eu estava confiante de que não iria querer trabalhar para a uShip. Se a empresa não puder dar oxigênio à equipe de operação de pessoas, então definitivamente não poderá dar oxigênio para o resto de seu pessoal. Claramente, era a cultura errada para mim.

O melhor processo de contratação que já encontrei foi em uma pequena startup. Depois de me inscrever, recebi um e-mail dizendo: "Ainda somos uma equipe pequena, mas prometemos dar um retorno para você, não importa o que aconteça, dentro de sete dias úteis". Foi tranquilizador ter uma expectativa estabelecida. Mesmo se a próxima comunicação fosse um aviso de rejeição, eu a teria recebido com alguma satisfação, porque a empresa antecipou minha ansiedade e eu respeitei isso.

DAR UMA SEGUNDA CHANCE

Quando os candidatos passam a primeira etapa do processo de contratação e são convidados para uma entrevista no local, você pode apostar que eles estão empolgados. E provavelmente nervosos. Essa combinação de sentimentos pode fazer com que até o candidato mais qualificado se comporte um pouco de forma não natural.

É bastante comum para candidatos inteligentes e confiantes dizerem coisas estúpidas em uma entrevista. Isso não deveria impedir que fossem contratados. Um entrevistador experiente entenderá e, em alguns casos, perdoará um erro em uma entrevista e dará ao candidato uma segunda chance.

Os erros são menos prováveis se o ambiente for amigável. É responsabilidade do entrevistador tornar o candidato o mais confortável e relaxado possível antes, durante e depois da entrevista. Essa hospitalidade garante que você verá um candidato mais autêntico.

TRATE OS CANDIDATOS COMO FUTUROS FUNCIONÁRIOS

Após minhas experiências com a Accruent e a uShip, eu estava ficando desesperado para encontrar trabalho, e embora não fosse um grande fã da Uber ou de sua liderança, eu me candidatei de qualquer forma.

Em minha terceira e última entrevista, Barry, o gerente de contratação, foi direto, agressivo e um pouco arrogante — confirmando em grande parte minhas suspeitas sobre a cultura na Uber. Depois da entrevista, agradeci a Barry por ter me arrasado, e fui embora, não esperando receber uma ligação.

Eu tinha outras coisas em minha mente na época. Minha mãe estava lutando contra o câncer há algum tempo e recebemos a notícia de que ele tinha se tornado agressivo. Ela decidiu não fazer mais quimioterapia.

Nesse mesmo dia, recebi uma ligação de Barry oferecendo-me o emprego.

Eu fui honesto com ele e expliquei o que estava acontecendo com minha mãe. Disse a ele que não tinha certeza se poderia começar de imediato como ele gostaria que eu fizesse.

Sem hesitar, Barry disse: “Fico muito triste por ouvir sobre sua mãe, mas quero que você saiba que não importa quanto tempo você precisa, nós o escolhemos e você terá um trabalho e uma equipe animada para trabalhar com você quando estiver pronto”.

Duas semanas depois, minha mãe faleceu. Após cuidar do serviço funerário e sepultamento, e tirar algumas semanas para colocar as coisas em ordem, descobri que ele era fiel a sua palavra; eu tinha uma equipe esperando por mim na Uber, animada para me unir a ela. Todos sabiam pelo que eu tinha passado e foram incrivelmente solidários. Foi muito bom estar cercado por tantas grandes pessoas que se importavam.

Eu acabei deixando a Uber, mas Barry e eu ainda somos amigos íntimos, e toda a minha percepção sobre a empresa tinha sido desfeita por sua empatia e apoio ao longo dos últimos dias que tive com minha mãe.

É importante que as empresas invistam o mesmo pensamento e cuidado em seus futuros funcionários que investem em seus atuais funcionários — especialmente porque, na Era Social, compartilhamos nossas experiências o tempo todo.

A palavra se espalha, e é a sua reputação que está em jogo. Sempre que a Accruent surge em uma conversa, eu não posso deixar de compartilhar minha experiência.

O mesmo vale para a uShip.

E, agora, a Uber.

OS PRIMEIROS DIAS SÃO OS DIAS MAIS DIFÍCEIS

Depois de guiar com sucesso candidatos ao longo do processo de candidatura e ter feito sua escolha, você pode pensar que a parte difícil já passou. Na realidade, é apenas o começo. O primeiro dia de um funcionário define o tom para o resto de sua carreira na empresa, embora seja raramente tratado com a importância que merece.

AMBIENTAÇÃO IMPORTA MUITO

Os novos funcionários sentem muitas emoções diferentes em seus primeiros dias, especialmente medo e entusiasmo. Entusiasmo com todas as novas oportunidades e desafios que os esperam. Medo do desconhecido: "Será que me encaixarei?", "O que esperam de mim e em quanto tempo?", "Com quem trabalharei mais?", "Onde fica o banheiro?". Para cada vinte perguntas que cruzam suas mentes, eles podem ousar perguntar apenas uma, a menos que você crie um ambiente onde não haja problema em fazer perguntas supostamente estúpidas.

Com muita frequência, os novos funcionários são apenas conduzidos a uma mesa, apresentados a um colega de trabalho ou chefe ocupados, depois ignorados por horas enquanto configuram seu e-mail e leem manuais de treinamento. Muitas vezes, nenhuma apresentação formal da empresa ou da cultura foi programada, apenas instruções práticas sobre sistemas de computador e processos de trabalho. Qualquer treinamento que exista pode só começar dias depois, se acontecer, até lá o funcionário ficará no limbo.

Se um ambiente acolhedor não for estabelecido rapidamente, esse novo funcionário pode nunca se encaixar ou encontrar o propósito emocional que precisa para fazer bem o seu trabalho. Se, por outro lado, você cria um caminho claro para a assimilação na cultura da empresa, você o coloca em posição de destaque em seus trabalhos.

Por que as Apple Stores tiveram tanto sucesso com entusiasmo e lealdade dos funcionários? Bem, seu *esforço intencional* para ganhar esse entusiasmo e lealdade começa no primeiro momento de um funcionário em uma Apple Store, em que toda a equipe aplaude o novo funcionário quando ele entra no espaço. Dessa forma, os funcionários do varejo iniciam suas carreiras na Apple com uma recepção inesperada e calorosa, imediatamente seguida de um tour pelo espaço e introduções ao longo do caminho.

A Apple garante que seu pessoal comece a conversar e se envolver de imediato. Nenhum novo funcionário deve vagar desacompanhado em seu primeiro dia, perguntando-se onde fica o banheiro.

O TREINAMENTO DEVE FOCAR O PROPÓSITO EMOCIONAL

Agora que seu novo funcionário está a bordo, o que vai fazê-lo ficar por aqui? Ele provavelmente tomou a decisão racional de aceitar o trabalho porque precisava de dinheiro e talvez tenha gostado da empresa. Entretanto, quando ele está do lado de dentro, é hora de ajudá-lo a ir além do racional por meio de cultura e treinamentos que se concentram não apenas no que fazer e em como fazê-lo, mas, principalmente, nas razões — seu propósito emocional.

Mantenha-o entretido

A Disney descreveu o treinamento como "tomar uma decisão racional de começar um trabalho e transformá-lo em um propósito emocional". E não poderia ser mais preciso. Eu estive em partes do treinamento na Disney e é mágico.

A Disney entende que, se você quiser dar às pessoas um propósito emocional, é preciso trabalhar intencionalmente para inspirá-las. Em parte, isso significa manter a atenção delas por meio de várias formas de entretenimento — afinal de contas, quando se trata de uma troca emocional, a entrega muitas vezes significa mais do que o conteúdo.

Na Disney, os instrutores supõem, com razão, que os novos funcionários são fãs da empresa, então trazem personagens fantasiados para fotos com novos membros do elenco no primeiro dia. Em cada dia de treinamento, o esforço para surpreender e encantar os novatos continua com um ar de entretenimento. Como resultado, a atmosfera permanece positiva e leve; nunca é entediante.

Quando eu estava na Apple, as salas de treinamento transbordavam com massinhas de modelar, papeis de origami e doces de todos os tipos. Por que massinha de modelar e origami? Porque algumas pessoas retêm melhor certas informações quando estão fazendo algo tátil. Também porque era divertido. Todo dia, no treinamento da Apple, havia uma surpresa diferente sobre as mesas, destinada a introduzir um elemento alegre nas reuniões do dia.

Criar esse momento de alegria pode ser tão simples quanto contar a cada novo funcionário que ele sairá mais cedo em seu primeiro dia de treinamento. Eu faço isso com algumas das empresas para as quais ofereço consultoria; após o almoço desse primeiro dia, dizemos aos novatos que sabemos que provavelmente há muita informação para eles absorverem naquele momento, e por isso essa é nossa maneira de fornecer-lhes algum tempo para descontrair antes de voltar no dia seguinte. Combine esta regalia com uma refeição grátis e você terá uma maneira simples de fazer com que novos funcionários comecem com o pé direito.

As estratégias de "surpresa e satisfação" podem parecer triviais, mas funcionam.

Dê confiança às pessoas

Outra peça importante do apego emocional de um funcionário ao seu trabalho é o orgulho, ou confiança. Eu passo boa parte do meu tempo treinando novas pessoas e já vi incontáveis delas que "só queriam ganhar a vida" transformarem-se em pessoas que se orgulham do que fazem. Novos funcionários da Disney aprendem que são responsáveis por criar felicidade; novos funcionários da Apple aprendem que eles enriquecerão a vida de seus clientes.

Durante meu treinamento na Apple, fiquei convencido de que a empresa realmente acreditava na "transformação" em vez da "transação". Fiquei lisonjeado ao ser informado de que a Apple tinha uma taxa de aceitação de dois por cento para os funcionários, o que significa que era mais seletiva do que a maioria das faculdades de elite norte-americanas. Disseram-me que eu era parte de uma equipe de elite, escolhida para ter um impacto positivo nos negócios e clientes da Apple.

Senti que me foi dado um superpoder, e minha decisão racional foi rapidamente transformada em um propósito emocional.

Dicas de treinamento

Em minha experiência, os melhores cursos de treinamento duram cerca de três dias, porque um dia não dá a ninguém tempo para mergulhar na cultura sobre a qual está aprendendo.

O primeiro dia deve ser sobre o *propósito do negócio*; o segundo dia deve ser sobre o *propósito da posição específica do funcionário* e como ele pode ajudar os clientes. O último dia resume tudo e fala sobre como esses *propósitos se transformam em práticas* que vão adiante. Em outras palavras, propósito primeiro, prática depois.

Dando aos novatos três dias sólidos para aprender sobre o propósito da empresa e como ele se traduz na cultura, no seu trabalho e na experiência do cliente mostra-lhes que propósito é importante; afinal de contas, a empresa já pagou para que se concentrem nele por três dias, sem a expectativa de que fizessem qualquer outro trabalho.

Como o treinamento se destina a integrar novos funcionários em equipes existentes e ao mesmo tempo introduzir normas e valores que a equipe já entende, membros da equipe também devem desempenhar um papel crucial. Tanto a Apple quanto a Disney passam muito tempo familiarizando seus novos funcionários com mentores — funcionários veteranos conhecidos por praticar e inspirar os valores que essas empresas consideram especiais —, que ajudam os novos funcionários a aprender a cultura. Nos melhores programas, a empresa vai dedicar um mentor para cada três a cinco funcionários.

DANDO E RECEBENDO FEEDBACK

Uma das coisas mais importantes que uma empresa pode ensinar a novos funcionários é sua forma de comunicação — o que fazer quando houver falha de comunicação e como dar e receber feedback. Sem uma definição clara de como a comunicação funciona dentro das quatro paredes da empresa, podem ser esperados erros de comunicação e frustração.

Os funcionários devem ser instruídos sobre como dar feedback efetivo sem atacar o caráter de alguém. Você não deve supor que eles já sabem como fazer isso. Até mesmo pessoas extremamente inteligentes podem ficar muito abaladas quando não sabem exatamente o que fazer — lembre-se do novo gerente da Apple me repreendendo no capítulo anterior. Se as pessoas dão feedback de forma raivosa, essa abordagem pode rapidamente se tornar uma característica cultural.

DANDO FEEDBACK

No capítulo anterior, mencionei a estratégia da Apple de incentivar que os funcionários façam perguntas como forma de dar feedback. Agora vamos ver como você, na posição de líder, precisa dar feedback para funcionários e como pode ensiná-los a dar feedback a seus colegas.

O feedback é geralmente entendido como algo negativo. Quando começamos uma conversa com "Posso falar com você sobre algo?", insinuamos que alguém fez algo errado e estamos prestes a dar más notícias. Não precisa ser assim. De fato, podemos oferecer um feedback construtivo que beneficie ambas as partes. Vamos observar algumas das melhores práticas para dar um feedback útil.

Primeiro, assuma uma intenção positiva.

As pessoas cometem erros o tempo todo. Se alguém ficou aquém das expectativas, há uma grande probabilidade de que não tenha feito de propósito. Antes de abordar alguém com feedback, pense em todas as possíveis intenções positivas que a pessoa poderia ter tido. Isso dá a você algum tempo para se acalmar e dá a eles o benefício da dúvida.

Em segundo lugar, seja transparente e assuma o ponto de vista do entendimento.

Seja honesto sobre suas intenções, não há necessidade de ser enigmático; isso só aumenta a ansiedade. Peça para falar com a pessoa, dizendo-lhe, de cara, que deseja falar com ela sobre aquela situação específica. Se você acha que a pessoa pode ficar envergonhada, procure um pouco de privacidade em uma sala de conferências ou em uma caminhada. Você pode começar dizendo: "Percebi que você resolveu o problema dessa forma, você se importa se eu fizer algumas perguntas para entender o seu processo?" Em seguida, faça perguntas intencionais e ouça com atenção. Isso dá a eles a oportunidade de se explicarem sem ficar na defensiva. Seu objetivo? Aprender o máximo que puder *antes* de fornecer o feedback. E, quem sabe, você pode aprender algo.

Terceiro, parafraseando Lou Holtz: critique o desempenho, não o artista.[14]
Se tornar as coisas pessoais, você condenará a conversa imediatamente. Falar negativamente da pessoa atrairá essa negatividade de volta. Em vez disso, buscar entender a perspectiva dela (e, lembre-se, você está presumindo que ela pensou estar fazendo a coisa correta) coloca você no mindset certo para fornecer um feedback eficaz.

Depois de compreender melhor a situação, não comece imediatamente com suas sugestões. Lembre-se, *tenha empatia com a pessoa*. Isso pode parecer contraintuitivo. Afinal, ela fez algo errado, por que você deve ter empatia? A empatia não fará parecer que você tolera tais ações? Pelo contrário, eles não se importam com o quanto você sabe até saberem o quanto você se importa. Se você conseguir liderar com empatia, fazendo perguntas como "Você pode me informar sobre o problema que enfrentou e como o resolveu?", você mostra a eles que entende. Isso não significa que você os incentiva a fazer de novo.

Empatia não é igual a endosso.
Diga a eles que você pode ver como tomaram as decisões que tomaram, mas também explique como suas decisões impactaram você e a equipe, positiva ou negativamente. Lembre-se de não insistir nas falhas; em vez disso, direcione o foco para a solução produtiva de problemas e para as próximas etapas.

---

14. 247Sports. "Lou Holtz Quotes". Disponível em <https://247sports.com/Coach/3618/Quotes/Never-Attack-the-Performer-Attack-His-Performance-35966579/>.

No fim da conversa, resuma tudo o que foi discutido. Talvez a pessoa tenha perguntas ou comentários sobre parte da solução, este é o momento deles perguntarem. O encerramento garante que todos estejam em sintonia antes de você sair da conversa. Não importa o que aconteça, é crucial terminar com uma observação produtiva e inspiradora.

ESTRATÉGIAS PARA FORNECER FEEDBACK

Ter um sistema de feedback é importante porque as emoções humanas podem ser complexas, mas acionar emoções é muito mais estereotipado e reproduzível do que a maioria de nós jamais considerou. Normalmente não traçamos estratégias sobre *como* entregamos uma mensagem porque em geral somos pegos no momento, mas devemos aprender a enquadrar nossas mensagens para provocar uma resposta desejável nos outros e não deixar que nossas emoções tomem o melhor de nós e turvem a entrega da mensagem. Vamos considerar o que sabemos sobre fornecer feedback e trocas emocionais, e aplicar isso a um cenário:

Podemos ficar frustrados com um colega de trabalho que não concluiu uma parte de um projeto com o qual se comprometeu. Quando os denunciamos no prazo perdido, podemos entregar nossa mensagem com raiva, mesmo sem conhecer todos os fatos.

Houve uma circunstância atenuante? Não esperamos para descobrir. Talvez ele tenha tido a chance de nos comunicar um problema de bloqueio importante ou talvez tenha ficado no hospital com um amigo durante todo o fim de semana.

Que reação obtemos com nossa raiva? Em vez de reagir com o desejo de melhorar, como talvez esperemos, nosso colega de trabalho pode ficar com raiva também. Ou ele pode simplesmente responder com tristeza pelo fato de que nos desapontaram, mesmo que as circunstâncias estivessem além de seu controle. Ou pode reagir com nojo por nossa falha em averiguar a situação completa. A tristeza geralmente leva à paralisia. O nojo levaria à aversão e à indisposição de trabalhar para uma solução. Nenhuma das reações levará ao resultado desejado, então nossa raiva tem sido contraproducente.

Lembre-se: a emoção determina não apenas como nossas mensagens são comunicadas, mas como são recebidas.

Outra maneira de dizer isso pode ser: todas as informações são moldadas pela emoção.

RECEBENDO FEEDBACK

Estar no lado receptor de um feedback às vezes pode ser difícil, mas é realmente a função mais fácil, porque, como discutimos anteriormente, como você recebe esse feedback é responsabilidade do comunicador. Sua responsabilidade mais básica é apenas absorver o feedback sem ficar na defensiva.

Se alguém ficar frustrado ao fornecer feedback, você deve dizer à pessoa que entende de onde isso está vindo, que você pode ver que isso a deixou chateado, aprecia o feedback e gostaria de melhorar. Este cenário funciona como uma espécie de abordagem de mentoria reversa — você os está reconhecendo, se alinhando com eles e garantindo que há uma maneira de seguir em frente sem as emoções descontroladas.

É mais difícil adotar essa abordagem quando alguém está gritando. Tente lembrar que pessoas emocionalmente inteligentes podem receber uma emoção agressiva, entender como isso as afeta e, então, se comunicar com seu agressor de maneira construtiva e com visão de futuro.

A resposta perfeita soa como: "Eu entendo. Eu também ficaria chateado. O que podemos fazer para corrigir isso?" Mesmo quando você sente que está sendo tratado injustamente e não concorda com o feedback ou a estratégia de gritar, você sempre sairá na frente se puder manter a compostura e fazer a coisa certa.

MANTENDO A FELICIDADE

Quando o Google começou a distribuir almoços grátis para seus funcionários, os analistas de negócios não conseguiam entender como isso beneficiaria os resultados financeiros. Mas esses analistas não estavam pensando no futuro. Os executivos do Google haviam compreendido as novas realidades da Era Social e tinham um propósito simples. Resumindo, eles disseram: "Estamos distribuindo almoços grátis porque deixa nossos funcionários mais felizes e achamos que funcionários mais felizes trabalharão mais". Não apenas o Google atraiu os melhores e mais brilhantes, mas seus funcionários de fato *trabalharam mais*. E esses funcionários também promoveram a marca.

Em pouco tempo, muitas empresas estavam oferecendo almoços grátis, massagens grátis, telefones grátis, horários flexíveis, férias ilimitadas, você escolhe. A mensagem? Por favor, seja feliz.

Ainda assim, muitas empresas não entendem bem. Elas acreditam que estilo e mesas de pingue-pongue são iguais à cultura de qualidade. Elas se esquecem de que a característica mais importante dos seres humanos é nossa adaptabilidade. Se você nos der coisas gratuitas, logo, as coisas gratuitas se tornarão apenas *coisas*. Elas se tornarão um direito, não um privilégio, e deixarão de estimular. Quando isso acontece, as vantagens perdem seu poder.

Ao criar benefícios para sua equipe, você deve garantir que eles manterão seu valor emocional ao longo do tempo. Isso pode ser tão simples quanto encorajar os funcionários a expressarem sua apreciação pelo que receberam. Algo tão simples como pedir aos funcionários que agradeçam ao pessoal da cozinha todos os dias lembra a todos como eles têm sorte de ter almoço grátis no local de trabalho e o quanto eles apreciam seus colegas de trabalho na equipe de operações.

Outra estratégia poderosa é introduzir continuamente o elemento surpresa no ambiente de trabalho. Você pode fazer isso com bastante facilidade e sem gastar muito. Em um dia, você pode ter um almoço surpresa com o tema de dinossauros, por exemplo; ou distribuir "kits-feriado" surpresa antes de feriadões. Ou até mesmo liberar um mágico despretensioso para vagar pelo escritório fazendo truques.

Não importa o que você escolha para estimular seus funcionários, lembre-se de que as vantagens só vão até certo ponto, porque muitas vezes são motivadores *extrínsecos*, coisas que dão a você breves momentos de felicidade. Para lealdade e felicidade a longo prazo, as pessoas precisam de motivação *intrínseca*. As pessoas precisam de *propósito*. Precisam de um motivo para trabalhar além de ganhar a vida. Almoços grátis são ótimos para o Google, mas é mais importante que os funcionários se vejam mudando o mundo.

TRABALHO EMOCIONAL

Felizmente, todos os seus funcionários trabalham duro, mas existem diferentes tipos de "trabalho duro". Alguns lidam com prazos rígidos ou longas horas. Outros têm que atuar emocionalmente, quer queiram ou não. Deixe-me explicar.

Diariamente, todos nós fazemos um certo trabalho para suprimir, promover ou regular nossas emoções. Este processo é conhecido como "trabalho emocional". O trabalho emocional é como o trabalho manual, colocar um esforço extra para fazer algo acontecer. Assim como o corpo não levanta uma pedra de forma natural ou automática até a encosta, a mente pode não querer, natural ou automaticamente, responder com gentileza a um cliente zangado. Em qualquer dos casos, porém, vale a pena fazer um esforço, quer isso signifique suar sob o peso daquela pedra ou sorrir por meio de uma tentativa de interação com o cliente.

Pense nos departamentos ou funcionários de sua organização que lidam com o trabalho emocional diariamente. O que você está fazendo para aliviar suas cargas e aliviar esse fardo?

MANTENDO O PROPÓSITO EMOCIONAL

Assim como os privilégios, é fácil para os funcionários perderem o propósito de vista com o passar do tempo. Bons líderes também encontram maneiras de lembrar continuamente a seus funcionários seus propósitos e seus impactos no sucesso da organização, independentemente de sua posição.

Algumas posições recebem naturalmente muito feedback sobre seus propósitos, mas muitas não. Os funcionários que trabalham em lojas de varejo ou centros de serviços físicos, onde interagem cara a cara com os clientes, recebem feedback positivo sobre seus propósitos todos os dias, porque podem ver facilmente como seu trabalho enriquece a vida das pessoas. É muito mais difícil, no entanto, para os funcionários que trabalham em um prédio de escritórios, ou em uma equipe de suporte remoto, avaliar seus impactos. Se todo o trabalho for feito por telefone ou por mensagem de texto, eles nunca conseguirão ver a cara do cliente feliz. Eles podem estar fazendo uma grande diferença na vida das pessoas, mas nunca percebem.

Para superar essa separação entre o impacto do funcionário e o do cliente, os líderes precisam usar estratégias conscientes para reforçar o propósito da equipe regularmente. Eles podem encontrar um e-mail de cliente elogiando o trabalho de alguém, imprimi-lo e enquadrá-lo para o funcionário. Ou convidar um cliente para contar à equipe de engenharia como o aplicativo que eles criaram mudou a vida para melhor. Qualquer coisa que revigore o propósito vale o investimento.

MANTENDO A PRODUTIVIDADE

O propósito é importante, mas nenhuma empresa pode ter sucesso sem produtividade também. Em última análise, os funcionários que você integrou, aculturou, surpreendeu, encantou, orientou e capacitou, em algum momento terão que trabalhar. Então, como você os *motiva* a serem altamente produtivos?

Assustando-os.

Estou brincando. Mas, como falamos antes, o medo é muito usado para motivar os funcionários. Pense na intensa produtividade que Steve Jobs obteve de suas equipes de produto e engenharia usando seu "campo de distorção da realidade" de prazos absurdamente apertados, associados ao medo. Vamos dissecar esse tipo de motivação com mais cuidado.

Sempre que as pessoas se deparam com o medo, seja na forma de prazos brutais ou o risco de perder seus empregos, elas entram em um modo de pensamento de "busca em profundidade".

O pensamento de busca em profundidade atua como antolhos de cavalo, forçando as pessoas a se concentrar em uma tarefa, reduzindo o acesso a distrações e interrupções. Funciona, mas também tem um preço a longo prazo. Pense na vida doméstica dos funcionários do campo de distorção da realidade de Steve Jobs. Claro, eles estavam focados em seu trabalho, mas provavelmente perderam muitas coisas importantes em suas vidas. É quase certo que eles não podiam estar muito presentes em casa e, se estivessem, suas mentes provavelmente estavam em outro lugar, presas naquele prazo iminente. Eles não sabiam com certeza o que aconteceria se eles não cumprissem suas obrigações, estavam com tanto medo de descobrir em primeira mão que fizeram de tudo para evitar isso.

Essa é uma receita para a exaustão, porque o medo nos força a acessar nossos instintos de sobrevivência, nos fazendo focar intensamente em tudo que ameace nosso bem-estar. No entanto, nossas mentes e corpos não conseguem lidar com o medo intenso por longos períodos, e a adrenalina resultante eventualmente nos debilita.

Então, não fazemos mais nosso melhor trabalho. Não apenas porque estamos exaustos, mas porque o pensamento de busca em profundidade diminui nossa capacidade de encontrar soluções alternativas para os desafios. Qualquer pessoa que tenha experimentado um bloqueio de escritor com um prazo próximo sabe do que eu estou falando.

INTRODUZA ALEGRIA

Quando você está esgotado ou se sentindo bloqueado, às vezes você só precisa de um pequeno lampejo de alegria, cortesia da liberação de dopamina, para colocar suas habilidades de resolução de problemas de volta ao normal.

Alice Isen, psicóloga e professora de psicologia e marketing na Cornell University, conduziu um experimento que mostrou como aquele pequeno lampejo de alegria pode ser útil. A preparação de Isen era simples: o sujeito era apresentado a uma caixa de taxas, uma vela e uma caixa de fósforos, e era solicitado que ele prendesse a vela na parede (um quadro de cortiça) de forma que ela queimasse sem pingar cera na mesa ou no chão. Os sujeitos foram divididos em dois grupos para resolver este problema — o grupo controle e o grupo experimental. Era isso, exceto que o grupo experimental assistiu a um vídeo com erros de gravação de um filme de comédia e o outro grupo assistiu ao vídeo.

Os sujeitos que viram o clipe engraçado consideraram mais soluções, e soluções mais criativas, do que o grupo do clipe não engraçado. O grupo engraçado pensou fora da caixa e ofereceu ideias que o outro grupo nunca considerou.

Isen levantou a hipótese de que a diversão liberou dopamina, um neuroquímico que promove a comunicação entre as células nervosas, permitindo habilidades de resolução de problemas mais criativas. Esse fenômeno é chamado de pensamento de "busca em largura".[15] Você pode conhecer pessoas que pensam assim. Elas são normalmente mais suscetíveis a interrupções e distrações, mas, em última análise, são solucionadoras de problemas mais criativos.

É por isso que você vê mesas de pingue-pongue, videogames e lanches grátis em escritórios de startups. Essas vantagens não são meramente entretenimento, mas estimulantes criativos por meio de pensamentos que priorizam a abrangência. As startups modernas ensinaram às empresas maiores não apenas que não há problema em se divertir no trabalho, mas também que muitos produtos, serviços e processos excelentes e inovadores nasceram de atividades que parecem distrair e desestabilizar externamente, mas são, na verdade, imaginativas e com visão de futuro.

Até mesmo um pouco de alegria e dopamina ajuda muito a criar sucesso, e a empresa emocionalmente inteligente incentiva o pensamento de busca em largura em sua cultura sempre que pode.

15. Alice M. Isen, "The Influence of Positive Affect on Decision Making and Cognitive Organization", *Advances in Consumer Research* 11 (1984): 534–37.

MANTENDO O PROGRESSO

Não importa quantos doces você ofereça, as melhores e mais brilhantes pessoas de sua organização, em algum momento, precisarão avançar para o próximo nível. Quando uma empresa deixa de oferecer oportunidades de progressão na carreira, os funcionários ficam frustrados. Eles geralmente não percebem como é difícil para as empresas oferecer oportunidades de avanço consistentes, devido à estrutura básica da maioria dos negócios. Afinal, quase todas as empresas no mundo são organizadas em uma estrutura de pirâmide, onde o maior grupo trabalha na base e os grupos ficam cada vez menores à medida que você sobe em direção ao pico.

Não é possível que todos na base da pirâmide se movam para o topo na mesma velocidade e o topo da pirâmide não pode ser expandido.

O que fazer?

O segredo está em criar oportunidades de *progresso externo*, não apenas para cima. Nem todo mundo está preparado para ser um bom gestor, mas todos estão preparados para aprender novas habilidades e assumir mais responsabilidades. Uma empresa inteligente criará desafios e caminhos claros para os funcionários progredirem externamente em todos os níveis e funções.

Vejamos uma dessas empresas inteligentes: a Buffer.

A Buffer é uma empresa que desenvolve ferramentas de gestão de mídias sociais, permitindo que figuras públicas, empresas e pessoas comuns gerenciem várias contas de mídias sociais ao mesmo tempo em um só lugar. É uma plataforma muito útil, mas a melhor coisa vinda da Buffer, na minha opinião, pode ser seu sistema de progressão de carreira.

A Buffer percebeu uma verdade simples: nem todo mundo deve liderar pessoas, mas é exatamente isso que os funcionários são forçados a fazer quando sua única oportunidade de progresso é se tornar um gestor. A Buffer reconheceu que as empresas precisavam de um sistema melhor de promoção, que levasse em consideração as necessidades individuais de cada funcionário. Em vez de ter que se mover para cima, os funcionários poderiam se mover *para fora*, optando por melhorar seu escopo de influência e de propriedade.

ESCOPO DOS NÍVEIS DE INFLUÊNCIA

O escopo de influência oferece cinco níveis de progresso:

- no nível um, os funcionários têm influência apenas sobre si mesmos e suas próprias tarefas;
- no nível dois, eles agora têm influência sobre seus projetos e ritmo;
- no nível três, eles são capazes de influenciar seu departamento e sua estratégia com visão de futuro;
- no nível quatro, eles têm a oportunidade de influenciar toda a empresa; e
- no nível cinco, o último e mais exclusivo nível, eles têm o poder de influenciar a indústria.

Tudo sem se tornar um gestor.

NÍVEIS DE PROPRIEDADE

Além do escopo de influência, a Buffer nomeia cinco níveis correspondentes de *propriedade*:

- o nível um destina-se ao aprendizado, em que os funcionários são desenvolvidos por outros e não possuem nada;
- no nível dois, os funcionários possuem uma área, canal ou modalidade, em sua totalidade, da qual são responsáveis pela produção;
- no nível três, eles são responsáveis pelos resultados, bem como pela produção;
- no nível quatro, os funcionários têm um projeto ou iniciativa no nível de equipe e são responsáveis pela execução de sua própria estratégia; e
- no nível cinco, eles são inteiramente responsáveis por todos os aspectos de sua área.

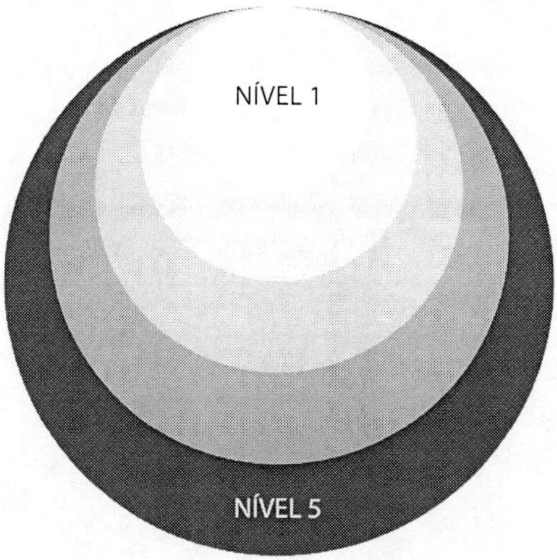

A Buffer explica que cada novo nível requer dedicação excepcional ao ofício; o salto do nível quatro para o cinco, por exemplo, é um grande aumento de propriedade e responsabilidade. Bem poucas equipes têm alguém com esse nível de habilidade.

O sistema da Buffer funciona com todos os tipos de funcionários, de designers e engenheiros a equipes de suporte e jurídicas. Os funcionários recebem recompensas maiores cada vez que avançam e são capazes de se desafiar de forma consistente em uma área com a qual estão familiarizados. Eles também têm o poder de apresentar novas ideias e novas modalidades, eventualmente ganhando domínio nessas áreas também.

O avanço por meio desses níveis leva muitos anos, mas dá aos funcionários de todos os níveis um caminho claro para o progresso. A abordagem da Buffer pode ser usada por qualquer empresa para se libertar das limitações de uma típica estrutura piramidal e remover o gargalo que muitas vezes trava funcionários excelentes.

NECESSIDADE EMOCIONAL ≠ ELEGIBILIDADE

Embora eu acredite que a estrutura da Buffer para o progresso dos funcionários seja uma solução quase perfeita para resolver os gargalos de carreira, ainda há um problema iminente que coloca em risco a integridade de todos os avanços: a necessidade emocional de um funcionário de subir não lhe dá esse direito.

Por exemplo, certa vez tive uma colega de trabalho chamada Anna. Ela estava na mesma posição há dois anos e estava cansada da rotina. Anna se candidatou a todas as vagas abertas na empresa, independentemente de suas qualificações, na esperança de apenas sair da situação atual.

Era óbvio para todos que ela havia desistido de seu emprego atual — especialmente para seu novo chefe, Paul, que estava na empresa há apenas alguns meses. Paul sentiu pena de Anna e, quando abriu uma vaga, ele simplesmente deu-lhe o emprego, esperando que ela se sentisse melhor e ficasse na empresa. Uma semana depois, Paul deu seu aviso prévio de duas semanas.

Anna passou por dificuldades em sua nova função, mas não por falta de recursos. Ela foi bem treinada e bem apoiada por alguém que já tinha o cargo, que segurou a mão de Anna durante a transição e ficou disponível para perguntas por meses. O que faltou a Anna foi a experiência apropriada; mas, pior ainda, ela não tinha o propósito emocional para a função. Desde o início, ela só queria um trabalho diferente, não esse trabalho específico, e ela teve dificuldade para encontrar a motivação e o interesse intrínsecos por sua nova função.

Três meses depois, Anna foi dispensada por sua incapacidade de fazer o trabalho no prazo e com qualidade.

Toda a infeliz situação poderia ter sido evitada se Paul não tivesse confundido necessidade emocional com elegibilidade para a vaga. Em vez disso, ele usou incorretamente a empatia e colocou Anna em uma posição inadequada, em um esforço para fazê-la se sentir apreciada, e todos — especialmente Anna — sofreram por causa disso. Se a empresa tivesse oferecido algum tipo de plano de progresso externo, como a Buffer, Anna poderia ter permanecido como funcionária.

ÚLTIMAS IMPRESSÕES

As empresas muitas vezes esquecem que as últimas impressões são tão importantes quanto as primeiras. Os cineastas sabem disso; eles se concentram intensamente nas primeiras e nas últimas tomadas de seus filmes porque, nesses momentos, eles têm o maior poder de forjar uma memória emocional. O mesmo vale para o emprego.

Como líder em sua organização, você tem uma responsabilidade importante tanto com seus funcionários quanto com o propósito de sua empresa de encerrar um contrato de trabalho com elegância. Novamente, é sua responsabilidade comunicar a emoção apropriada para o momento. Os gerentes podem ter uma influência positiva sobre como os funcionários se sentem quando seu tempo na empresa termina.

Para começar, sempre que um funcionário é demitido, a forma *como* a notícia é dada é crucial. Às vezes, os gerentes acham que é melhor ser extremamente direto com as pessoas e apenas puxar o band-aid: "Vou direto ao ponto e dizer que estamos dispensando você". Pode ser mais fácil para o gestor abordar a situação sem emoção. Mas isso não facilita para o funcionário. Se você não fornecer contexto ao funcionário e não informar o motivo da demissão, as pessoas vão deixar sua imaginação correr solta de forma negativa. Não há necessidade de fazer um funcionário demitido se sentir mal consigo mesmo.

Mesmo os maus funcionários merecem mais do que isso.

Lembre-se: critique o desempenho, não o artista. Ao dar a notícia, é imperativo que a emoção não controle a mensagem e que você, como gerente, permaneça honesto, aberto e autêntico. Um bom lugar para começar é recapitular o feedback que você (assim se espera) deu a eles várias vezes antes deste momento e revisar suas observações sobre o trabalho deles desde então. Logo, é importante facilitar uma conversa aberta com o funcionário sobre por que essa difícil decisão teve que ser tomada e ouvir sua resposta sobre o que deu errado. O feedback de um funcionário demitido pode ser extremamente valioso para ajudar a empresa a crescer, da mesma forma que seu feedback para o funcionário pode *ajudá-lo* a crescer.

Alternativamente, se os funcionários decidirem deixar a empresa por conta própria devido a novas oportunidades ou necessidades pessoais, os gestores devem responder com gratidão por seu trabalho e contribuições. É bom dizer a eles que você está desapontado em vê-los partir, mas também deixá-los saber que você está animado para ver o que eles vão realizar.

Novamente, este é um bom momento para descobrir como foi a experiência deles trabalhando para a sua empresa e o que você pode melhorar para reter bons funcionários como eles no futuro. Você pode aprender muito com essas conversas. Além disso, elas aumentam a confiança do funcionário que está saindo e os fazem se sentir bem — e por que você não iria querer fazer isso?

Posso atestar como esse tipo de resposta pode ser fortalecedor. Quando decidi deixar meu emprego na Apple para ajudar um investidor privado a construir um negócio do zero, fiquei nervoso, hesitante e inseguro em dar meu aviso. Depois de quase cinco anos com a empresa, eu fiz isso, e meu gerente, Scott, disse imediatamente: "Já era hora de você perceber seu verdadeiro potencial. Eu não posso te dizer o quão frustrante é ter alguém tão inteligente quanto você e não ter a capacidade de promovê-lo, mas, ao mesmo tempo, estou feliz que você saiu e encontrou uma oportunidade que se encaixa nos seus talentos. Eles têm sorte de ter alguém como você em sua equipe".

Desnecessário dizer que meu ego cresceu três vezes naquele dia. Ele me deu palavras de incentivo durante uma conversa que eu temia por semanas. Não apenas me senti melhor, mas sua resposta também deixou uma impressão duradoura em mim e reforçou minha percepção da Apple como um excelente empregador.

Da candidatura à demissão, se você centrar a experiência do funcionário em um núcleo emocional, você se encontrará com uma equipe realizada e inspirada, e a reputação da sua empresa como um grande empregador irá precedê-lo.

CAPÍTULO SETE

CRIANDO PARA A EMOÇÃO

O design é realmente um ato de comunicação, o que significa ter uma profunda compreensão da pessoa com quem o designer está se comunicando.

— DONALD A. NORMAN, *O DESIGN DO DIA A DIA*

Agora que já falamos sobre a experiência emocional *dentro* de sua empresa, vamos nos voltar para a experiência emocional de seus clientes.

Neste capítulo, analisaremos de perto seu produto ou o serviço de experiência do usuário, ou UX (User Experience), como é mais conhecida. A experiência do usuário deve ser única para todos os clientes, independentemente de sua formação ou inteligência. Isso inclui tudo, desde como seu produto se comporta, passando pelo layout de suas lojas, até os processos em seu site.

No próximo capítulo, cobriremos algo muito mais pessoal para o cliente: a experiência do cliente, ou CX (Costumer Experience), que inclui como eles ouviram falar de sua marca, a publicidade que eles viram, o que os amigos deles pensam, as interações que eles tiveram com seus funcionários e muito mais.

É importante entender a diferença entre esses dois conceitos, porque as empresas muitas vezes acabam se concentrando muito em um ou no outro. Contudo, ambos são importantes.

Tome como exemplo a interminável batalha dos smartphones entre Samsung e Apple. Em seus comerciais, a Samsung concentra-se muito sobre a UX, ou características específicas do produto em seus telefones, em vez de como esses recursos estão beneficiando a vida e os objetivos de seus clientes. Em um grande contraste, a Apple se concentra na CX, ou no que os clientes podem fazer com seus produtos no mundo.

As propagandas da Apple raramente destacam as características de seus produtos; em vez disso, elas *visualizam os engajamentos emocionais com esse produto*. Os comerciais de iPod nunca discutiram as características do iPod; eles apenas apresentavam silhuetas de pessoas se divertindo e dançando com fones de ouvidos brancos. Os comerciais da Apple "I'm a Mac and I'm a PC" ("Eu sou um Mac, e um sou um PC", em tradução livre) mostraram o que os clientes podem fazer com um Mac, não o que um Mac pode fazer como um computador.

O resultado? A Apple estabeleceu profundas conexões emocionais com seus clientes, algo que poucas empresas já alcançaram, por melhores que sejam seus produtos. Clientes podem ter melhor custo-benefício com a Samsung, mas eles raramente *amam* a Samsung.

Você pode comprar a atenção de um cliente com anúncios, pode comprar seu interesse com características, mas você nunca poderá comprar seu coração. O coração de um cliente pode ser *conquistado* desde que ele sinta emoções consistentemente positivas ao longo de toda a jornada do cliente. Qualquer experiência em qualquer ponto de sua viagem ajusta ligeiramente a opinião do cliente sobre você. Se um cliente de longa data tem uma única experiência ruim, seu coração pode estar em risco.

DESIGN PARA A EMOÇÃO DESDE O PRIMEIRO DIA

Antes de começar o design formal de seus produtos e serviços, você deve pensar através das emoções que deseja que seus clientes sintam. Conforto? Entusiasmo? Alívio?

Pergunte-se: estamos tentando promover emoções positivas ou remover as negativas?

É necessário considerar isso cuidadosamente, lembrando que você nunca terá o mesmo nível de influência que teve no início do processo criativo. Tire vantagem do fato de você controlar cem por cento da experiência do cliente em potencial durante a fase de design.

Você também deve considerar o longo prazo. Não é suficiente fornecer a um cliente algo que o faça feliz por um momento fugaz. Você está tentando formar um relacionamento, então dê-lhes algo que os faça felizes por uma vida inteira.

PREPARE O CLIENTE PARA O SUCESSO

Eu acredito firmemente que a função de cada produto ou serviço é enriquecer a vida do cliente de alguma forma. Caso contrário, por que existe?

Tudo deve ser inclinado para este fim, e todos os recursos necessários devem ser fornecidos ao cliente.

Todo produto e serviço Disney é inclinado para criar felicidade.

Todo produto de seguro é inclinado para proporcionar alívio.

Toda solução de limpeza é inclinada para remover o nojo.

Quando introduziu o iPhone em 2007, Steve Jobs descreveu o produto como "mágico". Ao usar essa palavra, e aplicando-a ao longo de toda a experiência do usuário, ele evocou um poderoso tipo de alegria. Afinal de contas, a magia é tanto uma surpresa quanto um deleite. Mas ele também fez questão de destacar as características que eliminaram as frustrações comuns que tínhamos com outros telefones. Como um teclado físico.

Naquele dia, a Apple solidificou seu lugar na história como a empresa mais inovadora no mundo. Mas cada inovação anunciada, ao que parece, era baseada em nada mais do que o desejo de preparar o cliente emocionalmente para o sucesso por meio do incentivo às emoções positivas e da remoção das negativas.

LIVRANDO-SE DE ATRITOS

É fantástico quando você consegue evocar uma emoção positiva com seu produto, mas é difícil atingir o nível de magia. Felizmente, você ainda pode conquistar o coração do cliente simplesmente eliminando as frustrações.

O objetivo? Desenvolver uma experiência do usuário "sem atritos".

Em um mundo cheio de estresse, empresas com ambientes sem atritos conseguem quase garantir retorno de negócios e clientes para toda a vida. Claro, proporcionar uma experiência que mantém o cliente em movimento de maneira suave, com tão poucas barreiras quanto possível, não é fácil. O processo de design para a ausência de atritos é demorado; o produto exige múltiplos testes e reconstruções, e o apoio deve ser facilmente acessível.

SEGUINDO O ROTEIRO

Vivemos em um mundo em que os produtos e serviços estão sendo melhorados o tempo todo. Na verdade, *melhorias regulares* se tornaram a expectativa básica, e versões mais fáceis e mais livres de atritos se tornaram a demanda, de telefones e carros a fornos e lâmpadas.

Então, se eles estão sempre esperando mais, como você consegue clientes que se comprometam com uma compra? Como fazê-los comprar qualquer coisa no lugar de esperar a próxima versão?

Surpreendentemente, no ambiente contemporâneo, isso não é tão difícil quanto parece. Para que os clientes fiquem convencidos que *agora* é o momento de comprar, você deve deixar suas mentes à vontade com o que esperar quando uma nova versão sair. Seja a oferta de um programa de atualização, atualizações grátis de *software* ou tarifas com desconto para quem já é cliente, o consumidor deve saber que não vai ficar preso à versão 1.0.

Lide com essa mensagem corretamente, e você terá removido o medo do cliente e diminuído a barreira emocional de entrada, tudo isso mantendo os clientes engajados e avidamente aguardando a próxima atualização.

Afinal de contas, o cliente irá acompanhá-lo, desde que não seja por um caminho acidentado.

ONDE ESTÁ A DOR?

Por as experiências sem atritos serem tão importantes, você deve sempre *começar* identificando os pontos de dor existentes e as zonas de atrito ao desenvolver uma nova experiência de usuário. Você pode ver o que causa dor no cliente a partir do produto da concorrência e deve olhar para o que causa dor em seu design existente.

A Starbucks elaborou cuidadosamente sua experiência do usuário em torno de uma emoção: relaxamento.

A dor do cliente abordada pela Starbucks? Outras cafeterias eram frequentemente montadas como restaurantes de fast-food, criadas para fazer as pessoas entrarem e saírem o mais rápido possível. Algumas tinham mesas e cadeiras, mas elas não foram concebidas para ser um local de longas horas de trabalho ou conversa. Eu inclusive já estive em cafeterias com avisos: "Se você não tiver uma bebida em cima da mesa, por favor, retire-se!"

A Starbucks reescreveu completamente o roteiro, pensando de acordo com as necessidades emocionais dos clientes. Junto com ótimos cafés e baristas simpáticos, todas as lojas oferecem uma sensação confortável, familiar e "caseira", com layout semelhante, não importa para onde você viaje. O serviço é rápido, mas os funcionários não fazem você se apressar ou se sentir indesejado.

Além disso, a Starbucks não se concentra apenas na dor do cliente em suas lojas; ela considera o efeito que tem sobre a comunidade. Por quanto tempo as pessoas *nesta comunidade* precisam esperar na fila por um frappuccino? Elas podem facilmente encontrar um lugar reconfortante para sentar e trabalhar em seus laptops? Como isso afeta o tráfego? É por isso que às vezes você verá múltiplas lojas de Starbucks distantes apenas alguns quarteirões umas das outras — a empresa está fazendo o seu melhor para aliviar a dor dos clientes.

DESIGN APÁTICO

Quando a Toys "R" Us cessou suas atividades em 2018, alguns disseram que foi devido a concorrentes mais convenientes, como a Amazon, mas acredito que havia outra razão, e a presença da Amazon não teve nada a ver com isso. A Toys "R" Us consistentemente não considerava as emoções de seus clientes primários — adultos comprando brinquedos para crianças.

Quando eu era criança, não podia me importar menos com a atmosfera caótica e barulhenta, corredores bagunçados e a sensação de estar em um grande depósito que ocorria na Toys "R" Us. Você poderia dizer que eu realmente *desfrutava* correr por cada seção, esquivando-me dos brinquedos no chão como se fossem minas terrestres. Como um adulto, no entanto, é questionável quando você corre pelos corredores e brinca com todos os brinquedos — mas essa é a única parte divertida sobre esses tipos de lojas. Todo o resto é projetado para fazer deste tipo de lugar um pesadelo para os adultos encontrarem o que eles estão procurando e saírem antes de ficarem frustrados ou exaustos.

Se alguém na Toys "R" Us alguma vez tivesse observado o design de suas lojas através do olhar de um cliente adulto, poderia ter visto muitas oportunidades para invocar uma sensação nostálgica lúdica que todos nós tivemos quando visitamos as lojas quando éramos crianças. Os laços emocionais resultantes teriam tornado a competição mais difícil para uma empresa como a Amazon.

A Best Buy pode sofrer o mesmo destino se não for cuidadosa. Similar à Toys "R" Us, as lojas da Best Buy também poderiam ser descritas como "avassaladoras". Cada loja tem um layout diferente e não são tão intuitivas ou úteis aos clientes como a Best Buy provavelmente pretendia. O propósito da Best Buy é "[...] enriquecer a vida dos consumidores por meio da tecnologia [...]", mas a Best Buy não produz tecnologia; ela fornece serviços de compras e suporte. Portanto, me parece que a empresa deveria enriquecer a vida dos consumidores proporcionando as melhores experiências em compras e suporte. O primeiro varejista de produtos eletrônicos de consumo a simplificar seu design e centralizá-lo na experiência emocional do cliente, sem dúvida, conquistará o mercado.

Mesmo as mercearias precisam pensar no que seus clientes sentem quando entram pela porta. Tradicionalmente, as mercearias colocam os laticínios e outros itens populares na parte de trás da loja para que os clientes sejam obrigados a andar por corredores longos de outros produtos até chegar aos mais frequentemente necessários. Porém, ao seguir tais estratégias, eles abriram as portas para as lojas de conveniência chegarem e aliviarem o cliente de experiências de compra prolongadas.

Por outro lado, as farmácias colocam corretamente os balcões de prescrição nos fundos das lojas, onde as pessoas têm mais privacidade e se sentem mais à vontade para pegar os medicamentos.

Quer você tenha ou não uma loja física tradicional, você deve auditar cada decisão de design que tomou e determinar se elas consideram as emoções do cliente ou se são apáticas em relação a elas.

A SIMPLICIDADE DO GOOGLE

O sucesso do Google não vem apenas de suas inovações de engenharia, mas em grande parte de seu entendimento de design emocional: desde o primeiro dia, o Google reconheceu a imensidão da internet e percebeu que os usuários precisariam de uma maneira de simplificá-la e encontrar o que precisavam de forma rápida, eficiente e livre de desordem.

A página inicial do Google foi apenas o começo dessa estratégia. Quando você faz uma pesquisa no site, há uma boa chance de você acabar com dezenas de milhares de resultados, mas o Google não lhe mostra dezenas de milhares de resultados. Ele mostra os resultados mais populares baseados em sua pesquisa, ou os mais relevantes para você, com base em diferentes fatores em seu algoritmo. Cada página de resultados tem, no máximo, 25 links diferentes para que você possa navegar. Na parte inferior de cada página, o logotipo do Google é esticado com múltiplos "Os" para lhe avisar de forma encantadora que mais resultados estão à frente. Ainda que possam estar setecentas páginas à frente, o Google mostra apenas as próximas dez páginas para aliviá-lo de se sentir dominado pelos infindáveis limites da internet.

Contrastando essa experiência, Yahoo!, AOL e Bing lutam para permanecerem relevantes com notícias e propagandas por toda parte de suas homepages. Para dar um exemplo, usuários de buscadores apenas não querem se sentir sobrecarregados, e nenhuma dessas empresas faz isso por eles.

É óbvio como o Google venceu.

OBSTÁCULOS AO ENVOLVIMENTO DO CLIENTE

Quando você tiver desenvolvido seu produto ou serviço para ser livre de atritos e orientado para criar alegria ou reduzir o medo e a frustração — ou tudo isso — você estará quase lá!

Em seguida, você deve fazer com que os clientes se envolvam emocionalmente com seu design inteligente.

Mas, antes de começar a elaborar seu discurso de vendas e tática de marketing (que abordaremos no próximo capítulo sobre CX), faça um brainstorming sobre os obstáculos que o cliente encontrará enquanto tenta se envolver com você e seu produto ou serviço. Isso poderia incluir a localização geográfica do cliente, exigências financeiras, capacidades físicas, requisitos de treinamento, necessidades de transporte, otimização de mecanismos de busca e muito mais.

Se sua loja está localizada em um shopping center, pense nos passos que os clientes devem seguir antes mesmo de chegar à sua localização. Eles têm que dirigir até o shopping, estacionar seus carros, caminhar pelo layout do shopping e transitar pela multidão. No momento em que um cliente encontra sua loja, ele já passou por várias experiências e emoções diferentes — só para fazer compras com você. Eles chegarão exaustos ou talvez em seu limite? Como você pode mitigar isso? O que você ou seus funcionários podem fazer para aliviar isso?

Quando eu trabalhava na Apple Store, nós líamos todas as pesquisas da Net Promoter que nos diziam o quanto nossos clientes poderiam nos recomendar para seus amigos e familiares. Como estávamos localizados em um shopping center ao ar livre, o estacionamento sempre era um problema para nossos clientes e, em última análise, para nós. Os clientes ficavam chateados por não termos vagas de estacionamento na Apple Store para fácil acesso. Eu sei o que você está pensando, isso parecia ser muito privilégio. Os pobres clientes da Apple Store precisavam caminhar para comprar sua tecnologia cara. Mas, na realidade, muitos desses clientes eram mais velhos e vinham para treinamento pessoal ou para uma consulta no Genius Bar. Quando chegavam à nossa loja, já estavam exaustos e irritados, o que arruinava toda a sua experiência, e isso aparecia repetidas vezes em nossas pesquisas. Isso levanta a questão, quantos amigos e familiares nunca puseram os pés em nossa loja porque ouviram dizer que o estacionamento no shopping era horrível?

Os obstáculos não são apenas físicos. Se você fizer um aplicativo, seus clientes precisam fazer o download de algum tipo de aplicativo de loja, como o da Apple ou o do Google. O quão fácil é para eles fazer isso? Arquivos grandes muitas vezes requerem uma conexão Wi-Fi, então o tamanho de seu arquivo e a tecnologia do telefone do cliente podem ser importantes muito antes de usarem seu produto. Além disso, a experiência da própria loja de aplicativos irá, sem dúvida, afetar a capacidade de seu cliente de encontrar e identificar seu aplicativo entre os milhões de outros.

Que poder você tem para remover o atrito da experiência de chegar ao seu produto em primeiro lugar?

CRIANDO EXPERIÊNCIAS IMERSIVAS

Quando os clientes finalmente entram em sua loja ou acessam seu site é a sua oportunidade de *controlar completamente* a experiência deles. Dê a eles uma razão para abaixar seus telefones e oferecerem a você cem por cento de atenção.

Imersão total significa restringir o número de potenciais distrações para o mínimo possível. Seu objetivo é capturar a atenção total de seu cliente, você o quer apenas focado em seu produto ou serviço. Afinal de contas, cinemas não seriam tão eficazes se tivessem janelas. Mas reduzir potenciais distrações é apenas metade do trabalho quando criamos experiências imersivas. Para imergir totalmente alguém em sua experiência, você deve estimular positivamente todos os cinco sentidos — tato, visão, audição, paladar e olfato. Quanto mais sentidos envolvidos, mais imersas estarão as pessoas. Imagine uma sala de cinema que estimule os cinco sentidos. Uma boa sala de cinema lhe daria um assento confortável, certificando-se de que cada assento possa ver a tela e não esteja muito perto ou muito baixo, e confirmando que o som não está muito alto ou baixo. E, é claro, o cheiro de pipoca fresca estaria no ar. Lógico que também deveria ter um ótimo sabor.

Não é difícil ver como a imersão, com a atenção para cada um dos cinco sentidos, pode ser igualmente importante para hotéis, parques temáticos e restaurantes. Um restaurante pode ter ótima comida, mas se você entrasse e eles tivessem acabado de limpar as mesas com um produto de limpeza forte, seu apetite, e experiência, seriam arruinados. Cada vez mais restaurantes estão expandindo suas áreas de alimentação para a rua, mas essa é uma jogada arriscada, porque não é possível controlar os sons e os cheiros ao ar livre. Ninguém quer sentir o cheiro do escapamento de um carro ou de uma lixeira quando estão comendo — a mente rapidamente gera nojo, raiva e desapontamento.

Mesmo algo aparentemente insignificante como manchas na janela ou uma planta morta pode reforçar uma mensagem sobre a qualidade de seu negócio ou o quanto você se importa com seus clientes.

Os mesmos princípios se aplicam em qualquer ambiente comercial.

Quando você embarca em um avião da Southwest Airlines, você pode notar que a iluminação é azul para aliviar o estresse, e o cheiro é agradável e distinto — não o cheiro de suor que você poderia esperar, dado o número de passageiros em uma área confinada por períodos prolongados. Os sons dos motores a jato são abafados, às vezes com máquinas de ruído branco ocultas, que anulam a frequência dos motores. Os assentos são firmes, por isso não afundam nem formam marcas que mostram quantas pessoas se sentaram ali antes de você; até mesmo o material do assento é fortemente padronizado para disfarçar o aspecto de desgaste. Foi feito um esforço para controlar a experiência de cada um dos sentidos.

Os produtos também devem ser imersivos. A experiência de compra, o envio, a entrega, a abertura da caixa, a utilização do produto e a central de suporte são todas *experiências* que podem ser planejadas.

A Apple tem sido frequentemente elogiada por criar uma experiência do cliente embalada em um produto. A embalagem de fácil abertura reduz a frustração de encontrar e usar uma tesoura. As caixas brancas suaves definem o tom de conforto e simplicidade. O toque que se ouve quando se liga um Mac é projetado para ser um som extraordinariamente agradável. Se algo não funciona, você ouve um som profundo, desagradável e com uma pista visual de que algo deu errado, para que você tenha a oportunidade de voltar e tentar novamente.

Nada disso é aleatório. A Apple tem planejado de acordo com seus sentidos e, por extensão, para suas emoções.

COLOQUE-SE NO LUGAR DELES POR UMA HORA

Bem poucas empresas pensam a partir de toda a experiência do cliente. Poucos restaurantes, por exemplo, consideram a experiência que oferecem às pessoas que esperam para se sentar. Parece óbvio planejar e criar uma experiência quando seu restaurante fica ocupado, mas com muita frequência você vê clientes sentados em jardineiras do lado de fora, ou pressionados uns contra os outros em longas filas. Até mesmo ficar em um bar em um pátio lotado com esses pequenos pagers não é o ideal.

Quem me dera que fosse aí que o design ruim terminasse, mas a maioria dos restaurantes continuam o jogo de espera mesmo depois do cliente conseguir uma mesa:

Os clientes são mostrados a uma mesa pelo maître.

Um minuto depois.

Surge o garçom: "Posso começar oferecendo alguma bebida? Talvez um pouco de água?" Os clientes pedem suas bebidas e o garçom se retira.

Dois minutos depois.

O garçom volta com água: "Suas bebidas chegarão logo. Enquanto isso, vocês gostariam de algum aperitivo?" Os clientes concordam e dizem que também estão prontos para pedir os pratos principais. O garçom faz o pedido completo e se retira.

Um minuto depois.

As bebidas chegam.

Cinco minutos mais tarde.

Chegam os aperitivos.

Dez minutos mais tarde.

Chegam os pratos principais.

Dez segundos ou dez minutos mais tarde.

O garçom confere a qualidade. "Tudo está de acordo? Posso oferecer outra bebida?"

Vinte e cinco minutos mais tarde.

Os clientes terminaram. O garçom passa por eles. Não faz nenhum contato visual.

Cinco minutos depois.

Ainda sem contato visual.

Mais três minutos depois.

Alguém deve fazer contato visual, certo?

Mais dois minutos.

O contato visual é feito. O garçom vem até a mesa: "Vocês gostariam de alguma sobremesa?" O cliente recusa e pede a conta. "Claro, eu já volto." O garçom se retira.

Cinco minutos depois.

O garçom chega com a conta e depois parte por alguma razão inexplicável.

Mais cinco minutos.

O garçom volta para pegar a conta. "Vai ser tudo junto ou separado?"

Cinco minutos depois.

O garçom devolve o cartão do cliente. "Obrigado por sua paciência. Espero que tenham uma ótima noite!" O cliente vai embora.

Cinco minutos mais tarde.

A mesa é arrumada e limpa.

Um minuto mais tarde.

Novos clientes são mostrados à mesa pelo maître.

Sem contar o tempo gasto sentado na espera, essa experiência extremamente familiar foi de 85 minutos. Mesmo a melhor comida em um belo espaço pode "não valer isso" porque o processo geral não foi pensado e bem executado.

Claro, as pessoas aceitam os aborrecimentos da maioria dos restaurantes como "parte da vida", mas apenas pense quanto mais lealdade os restaurantes teriam de seus clientes se eles tentassem de fato oferecer alguma alegria e eficiência em *cada etapa* da experiência?

Hopdoddy, um bar de hambúrgueres sediado em Austin, não aperfeiçoou a experiência típica de um restaurante, mas com certeza tentou. O lugar é imensamente popular, e a espera para entrar demora geralmente mais de 45 minutos.

Quando você está na fila, no entanto, um garçom equipado com um iPad é rápido para anotar seu pedido de bebida enquanto outra pessoa espera no bar para que sua bebida seja feita e eles possam entregá-la a você assim que terminar. Enquanto isso, outro garçom caminha pela fila com amostras das famosas batatas fritas trufadas da casa ou de seu mais novo sabor de milk-shake — afinal, você veio pela comida, por que fazer você esperar? Antes de chegar ao balcão, outro atendente equipado com iPad perguntará quantos estão em seu grupo, lhe atribuirá um número de mesa e lhe dirá onde você pode sentar-se. Este atendente também está equipado para atender a seu pedido, de modo que tudo o que você tem que fazer é fornecer o número de sua mesa ao caixa antes de pagar.

Depois de sentar-se em Hopdoddy, você é recebido por um garçom que foi designado para sua mesa. Embora você já tenha encomendado seus alimentos e bebidas, eles estão lá para ajudar com quaisquer adições ou alterações que você gostaria de fazer. Como você pediu antes de se sentar, sabe que receberá seu pedido dentro de cinco a dez minutos. Você também recebe de seu garçom compromissos sólidos sobre os prazos de entrega, se pedir mais alguma coisa.

Quando você pensa em quanto tempo os restaurantes tradicionais levam para oferecer um lugar a você, processar um pedido, preparar a comida, servi-la e depois encerrar a transação, você tem sorte de sair abaixo da marca das duas horas. Muitas vezes, qualquer alegria associada com a experiência é limitada aos 15 minutos que você realmente leva para comer.

A lição? Uma experiência tradicional nem sempre é igual a uma boa experiência. O verdadeiro sucesso e a inovação derivam de uma auditoria abrangente e em primeira mão da experiência de seu cliente.

PROCESSOS INTUITIVOS

Um dos maiores problemas que o Hopdoddy enfrentou quando abriu foi educar os clientes sobre seu processo não intuitivo de encomenda no balcão e depois encontrar uma mesa numerada. Certamente, primeira pergunta feita quando você entra pela porta é: "Você já esteve aqui antes?"

Na mesma linha, se você nunca esteve em uma churrascaria japonesa, pode ser confuso até que lhe digam que você deve se sentar em uma mesa enorme com outros clientes, e o chef estará no centro anotando e preparando seu pedido.

As Apple Stores costumavam se concentrar em educar os clientes sobre seu processo bastante singular de fazer reservas no Genius Bar, mas, a certa altura, eles acharam desnecessário para a maioria das pessoas que passavam pela porta. Infelizmente, ainda há clientes que são novos para a Apple, e muitas vezes se sentem ansiosos e intimidados durante sua primeira visita à loja.

É muito comum qualquer negócio ficar complacente e apenas presumir que novos clientes saberão como navegar em seus processos.

Com o tempo, a equipe pode realmente ficar aborrecida quando um cliente faz uma pergunta "idiota", às vezes sendo condescendentes com clientes que se encontram em um novo ambiente.

As melhores empresas reconhecem esta probabilidade e a enfrentam com processos inteligentes e intuitivos e/ou educadores facilmente acessíveis e bem treinados para orientar gentilmente os clientes ao longo do processo.

PERDIDO NA IKEA

A IKEA, empresa especializada na venda de móveis domésticos, certamente pretende ser uma experiência imersiva para os clientes. Em toda a loja, você não vê apenas os produtos disponíveis em um depósito; você vê como eles funcionam em conjunto para mobiliar ambientes inteiros. As salas de exposição oferecem cozinhas semifuncionais, salas de estar, banheiros e quartos — tudo com essa atenção fanaticamente consistente para detalhes.

A imersão se estende ao layout geral da loja, que faz uma experiência surpreendentemente labiríntica. Você vê alguns sinais de atalho, mas precisa caminhar praticamente por todo o labirinto, em uma ordem prescrita, para encontrar o que você quer. A direção que você deve seguir pode ser intuitiva, mas a ordem das salas de exibição deixa muita coisa para interpretação, e não importa a sua familiaridade com o layout da loja, é extremamente demorado concluir uma visita.

Se você é um pouco claustrofóbico, as lojas da IKEA são não para você. Se você tem pouco tempo, apenas esqueça.

Os produtos da IKEA têm uma boa reputação porque são baratos, visualmente atraentes e de fácil montagem. Mas as próprias lojas oferecem, desnecessariamente, uma UX inigualável em sua capacidade de invocar ansiedade e frustração. Ainda que seja provável que os clientes comprem mais quando passam por toda a experiência do labirinto, eu me pergunto se essas compras por impulso compensam a receita perdida de clientes que estão escolhendo comprar em outro lugar, a fim de evitar a experiência de uma loja da IKEA.

A EXPERIÊNCIA DA DISNEY WORLD

Agora que já falamos de experiências imersivas, de colocar-se no lugar do cliente e sobre o design intuitivo, vamos colocar tudo junto na UX ideal.

Não consigo pensar em melhor exemplo do que a Walt Disney Parks & Resorts.

Há muito tempo, a Disney tem feito tudo o que podia para controlar a experiência do cliente, começando pelos incentivos para fazer reservas e comprar ingressos diretamente da empresa. Ao longo do caminho, são pensados e planejados quase todos os obstáculos que você pode enfrentar quando embarca em uma experiência da Disney.

Quando você reserva passagens e hotéis por meio da Disney, eles enviam a você e a sua família MagicBands. Estas pulseiras altamente seguras e ajustáveis são equipadas com suas reservas de hotel, bilhetes de estacionamento e informações pessoais como seu nome, seu aniversário e até mesmo seu número de cartão de crédito. Elas são destinadas a serem usadas como seu bilhete para o parque, a chave do seu quarto de hotel e seu método de pagamento. Agora você não tem que se preocupar em manter o controle ou perder cada um desses itens altamente importantes.

Se estiver voando para Orlando, você pode dizer à Disney seu número de voo, e ela lhe enviará etiquetas de bagagem amarelas brilhantes com uma silhueta do Mickey Mouse. Quando você chegar, os funcionários da companhia aérea são instruídos a colocar sua bagagem de lado para que a Disney possa pegar suas malas e levá-las diretamente para o seu quarto. Você simplesmente sai do avião e embarca nos ônibus de cortesia da Disney. Não há necessidade de esperar na esteira de bagagens.

Até os transportes são operados por um membro do elenco da Disney. Eles reproduzem vídeos da Disney e lhe mostram uma prévia do parque a caminho do Disney Resort — tudo para definir o tom e aumentar a antecipação e a excitação para o resto de sua viagem.

Quando você faz o check-in em seu hotel, às vezes você recebe um pequeno presente, como um broche temático, e frequentemente você faz um breve tour pelo resort enquanto um membro do elenco acompanha você até seu quarto, onde sua bagagem já está lhe esperando. Se você é um visitante regular, você é estimulado a pular o tradicional check-in e ir direto para seu quarto, onde sua MagicBand atua como a chave.

Quando você finalmente chega a um parque, você descobre que ele foi projetado para guiá-lo intuitivamente de forma mais profunda e fazer uma transição gradual de uma seção a outra. Eis como a Disney Imagineers explica isso no livro *Walt Disney Imagineering*:[16]

---

16. The Imagineers, *Walt Disney Imagineering: A Behind the Dreams Look at Making More Magic Real* (White Plains, New York: Disney Editions, 2010).

Um passeio da Main Street à Adventureland tem uma distância relativamente curta, mas nele se experimenta uma enorme mudança em tema e história. Para que a transição seja suave, há uma mistura gradual de tema, cor, som, música e arquitetura. Até a sola de seus pés sente uma mudança na pavimentação que lhe diz explicitamente que algo novo está no horizonte. O olfato também pode ter um fator dimensional de dissolução cruzada. Em uma brisa quente de verão, você pode sentir um cheiro de doce flora tropical e especiarias exóticas enquanto entra na Adventureland. Uma vez que todas estas mudanças sejam sentidas, a transição de dissolução cruzada está concluída.

Sobre a questão de manter as aparências, um pirata nunca será visto andando por Tomorrowland, porque os piratas só existem na Adventureland, aparecendo e desaparecendo magicamente quando eles querem. Isso porque tudo do Magic Kingdom foi construído no segundo andar do parque. Este andar superior é chamado de "palco" e, embaixo do palco, no primeiro andar, existe uma série de túneis, salas de descanso, escritórios e banheiros, chamados utilitários ou bastidores. Este sistema subterrâneo permite aos membros do elenco transitarem para cada canto do parque sem serem detectados, ou parados, por visitantes. Se o Mickey Mouse caminha publicamente da Main Street à Fantasyland, é uma aparição especial planejada, provavelmente com uma comitiva. Caso contrário, ele irá escondido para chegar aonde precisa estar.

Até mesmo o lixo é misteriosamente levado por tubos do subsolo. Imagine ter todo esse tempo e esforço para eliminação de lixo! Mas pense na má experiência que você teve em outros parques com coisas como lixeiras transbordando e ruas sujas.

Além de sua cenografia, a Disney é a melhor no ramo em minimizar as emoções negativas, como o nojo, a raiva e medo. Você pode apostar que as atrações são mantidos dentro dos padrões mais seguros e são testados várias vezes ao dia. Áreas isoladas nos parques permitem que as pessoas se afastem das multidões. Quando você tem dificuldade para entrar em um restaurante, a Disney faz o melhor possível para que você entre nele mais tarde ou no dia seguinte.

Em uma experiência verdadeiramente imersiva, nada é deixado ao acaso. Cada detalhe de design e cada funcionário mantém e reforça a integridade de uma experiência mágica da Disney.

DESENVOLVENDO COMO A DISNEY

Você provavelmente não está administrando um parque temático. Você pode estar administrando um restaurante ou um site ou construindo uma torradeira melhor. Contudo, não importa o seu negócio, você tem algo a aprender com a experiência da Disney.

Em qualquer indústria, você deve recuar e perguntar como pode controlar de forma mais completa a experiência do cliente, deve procurar qualquer forma de eliminar emoções negativas — não importa quão pequenas — e deve encontrar maneiras de criar felicidade.

Antes de colocar o livro de lado e correr para desenvolver a experiência do usuário perfeita, lembre-se que a UX é apenas parte de um todo maior. No próximo capítulo, veremos a *experiência do cliente* geral de sua organização. Veremos como a CX constrói sua reputação, provoca emoções complexas e estabelece sua maior vantagem — a lealdade do cliente.

APLICANDO UX A QUALQUER COISA

Por uma questão de argumentos, vamos fingir que você é o chefe da polícia. Ainda é seu trabalho inspirar as emoções certas, porque as emoções certas irão melhorar a experiência de seus clientes: o público em geral.

Tomemos a cor de seus carros de polícia, por exemplo.

Se você olhar os carros de polícia na Europa, verá que eles são geralmente pintados de branco com tons de amarelo neon ou azul brilhante. As cores brilhantes foram escolhidas por serem brilhantes, não ameaçadoras e facilmente identificáveis em caso de emergência. Quando você olha para esses carros, eles são agradáveis e reforçam a missão da polícia, que é proteger e servir a comunidade.

Nos Estados Unidos, por outro lado, os carros da polícia são geralmente disfarçados ou pintados de um preto sombrio com portas brancas. No Texas, muitos são completamente pretos — e até mesmo a palavra "Polícia" é preta.

Quando você olha para os carros da polícia nos Estados Unidos, eles não necessariamente enviam a mensagem: "Estamos aqui para ajudar". Isso é porque eles são projetados para intimidá-lo e misturar-se às sombras. Os departamentos de polícia muitas vezes confiam no medo induzido pelo design escuro, enviando a mensagem: "Não faça qualquer coisa errada, porque poderíamos estar observando, até se você não nos vir".

Mesmo os designs de uniformes de polícia na Europa tendem a fazer os oficiais mais acessíveis do que os uniformes da polícia nos Estados Unidos. Uniformes brilhantes e amigáveis fazem você se sentir confortável para pedir ajuda aos policiais em vez de evitá-los.

Então, que tipo de departamento de polícia você quer?

CAPÍTULO OITO

DESENVOLVENDO RELACIONAMENTOS

Você precisa começar com a experiência do cliente e depois trabalhar com a tecnologia, e não o contrário.

— STEVE JOBS

É um passo ousado iniciar o último capítulo com uma citação que o encoraja a começar por ele. Entretanto, se você sair com apenas uma lição deste livro, eu quero que seja a deste capítulo. Em outras palavras, eu guardei o tópico mais importante para o fim.

Antes de enfrentarmos o amplo e sempre complicado assunto da experiência do cliente, vamos tirar um momento para nos reorientarmos. Até este ponto, discutimos as cinco emoções básicas, como elas são produzidas e consumidas pelas pessoas, e sua inigualável capacidade de conduzir nossos comportamentos. Expressamos a importância de ter não apenas um propósito comercial, mas também um propósito emocional centrado no ser humano. Explicamos a diferença entre um líder e um líder emocionalmente inteligente, e o quanto os líderes empáticos têm mais sucesso ao liderar pessoas. Nós também discutimos como aplicar a emoção à experiência do funcionário desde o processo de candidatura até a sua demissão da empresa. E no capítulo anterior continuamos a discutir o pensamento e a emoção no design de seu produto ou serviço, assim, quando clientes entram em seu ambiente, eles ficam surpresos e encantados. Neste capítulo, vamos encerrar com a experiência do cliente, ou CX.

Lembrando, a CX inclui tudo o que o cliente experimenta em relação à sua empresa, de publicidade a notícias de mídias sociais a conversas com amigos; suas experiências pessoais com seu produto, serviço ou pessoal; e muito mais. É a totalidade do relacionamento deles com você.

Ao passarmos por este capítulo, tenha uma coisa em mente: os clientes são pessoas. Como uma pessoa, não deve ser muito difícil demais para você se colocar no lugar delas. Como um *negócio*, seu objetivo deve ser sempre atrair mais pessoas para sua empresa e conseguir que elas advoguem por você e atraiam mais pessoas. Então pense para si mesmo, como uma pessoa, o que o atrai para certos negócios em relação a outros? Quem você recomenda a seus amigos e família? Por que você os recomenda?

AS ETAPAS DE FIDELIDADE DO CLIENTE

Independentemente do seu setor, a fidelidade do cliente é a métrica mais importante que sua empresa tem. Sem clientes fiéis, em algum momento você terá dificuldades para atrair novos clientes e sua empresa funcionará até fracassar. Felizmente há um processo definido para fidelidade do cliente, e desde que você possa identificar onde seus clientes estão no processo, há muitas dicas e truques para aprofundar as relações deles com você. Este processo divide o relacionamento com o cliente em cinco etapas.

A primeira etapa é chamada de "Prospecto". Essas são pessoas que ouviram falar de você e talvez possam se beneficiar de seu produto ou serviço, mas elas não optaram por investigar sua marca de forma mais profunda. Se utilizássemos uma analogia de shopping center, um Prospecto é qualquer pessoa que tenha passado por sua loja.

A segunda etapa é denominada "Comprador". Essas são pessoas que *sabem* que precisam de uma solução que você pode oferecer e começaram a procurar. Na analogia do shopping, elas podem ser vistas entrando e saindo de lojas similares.

A terceira etapa é "Proprietário" — um cliente que comprou seu produto ou serviço e já passou pela sua UX.

Na quarta etapa, você encontra os "Participantes". Essas são pessoas que adquiriram seu produto ou serviço e gostaram tanto que querem absorver mais da marca, seja por meio das mídias sociais, camisetas de marca, promoções ou eventos. Esses clientes têm tido tempo para aprofundar o relacionamento com sua empresa, mesmo que você tenha dado o primeiro passo convidando-os. Participante é a etapa de fidelidade mais difícil de se atingir. É também a única etapa que os clientes podem pular.

A quinta e última etapa é chamada de "Promotor". Os Promotores desfrutam tanto de suas experiências que recomendam sinceramente seus negócios a seus amigos e familiares com suas histórias positivas e referências. Os clientes podem chegar a essa etapa de várias maneiras e a diferentes velocidades, mas o resultado é o mesmo: publicidade grátis e orgânica.

Embora o Promotor seja a última etapa e sinalize fortemente a probabilidade de o cliente recomendar, surpreendentemente não é a etapa mais difícil para os clientes alcançarem. Na verdade, a transição de Proprietário para Participante é muito maior do que a de Participante para Promotor. Enriquecer uma vida tão profundamente a ponto da pessoa procurar outras formas de se envolver com sua marca é um desafio muito maior para as empresas, mas depois que um cliente começa a participar, ele naturalmente se tornará um Promotor mais dedicado.

Coincidentemente, tais etapas também se aplicam a seus funcionários, que têm uma jornada semelhante para concluir. Funcionários Prospectos têm as credenciais certas, Compradores estão se candidatando ou já se candidataram, os Proprietários foram contratados, os Participantes acreditam no que estão fazendo em sua organização e querem fazer mais, e os Promotores ativamente direcionam seus amigos, familiares e ex-colegas a sua empresa, seja como empregador ou como marca.

Seguindo em frente, vamos utilizar essas etapas como uma base para desenvolver relações mais significativas com seus clientes ao longo de toda a experiência do cliente.

PRIMEIRAS IMPRESSÕES

Para muitos clientes, um anúncio ou recomendação pessoal será sua introdução ao seu negócio. As primeiras impressões, como você já deve ter ouvido, são duradouras. Qualquer que seja a mensagem inicial que você emitir, é assim que as pessoas se lembrarão de você, portanto, tenha o cuidado de se apresentar ao mundo com uma mensagem que você quer que dure. Essa mensagem não deve se dirigir apenas aos Compradores, mas também aos Prospectos. Em outras palavras, há pessoas lá fora que talvez nem saibam que precisam de seu produto.

Ao elaborar seu comunicado à imprensa, ou seu primeiro anúncio, assim como quando você desenvolveu o produto, dê um passo atrás e faça a si mesmo algumas perguntas básicas. Que emoção você quer que as pessoas sintam quando conhecerem você? Como essa emoção os guiará para a próxima etapa?

Você quer que os Prospectos tenham medo de perder algo, então você oferece um produto de edição limitada? Talvez deixá-los tristes com uma criança necessitada para que eles façam doações para sua causa? Ou você quer invocar o sentimento de curiosidade para fazê-los continuar lendo? Fiz uma extensa pesquisa sobre as mais bem-sucedidas táticas de fidelidade do cliente e as respostas podem surpreendê-lo...

Infelizmente, a maioria das empresas só se concentra nas características de seus produtos ou serviços, não nos benefícios que eles trazem para as pessoas que os utilizam. Como resultado, a maior parte do marketing não inspira qualquer emoção, porque não inspiram empatia, não deixando nenhuma marca. Veja desta maneira: a menos que o cliente já esteja no mercado para seu produto ou serviço, você certamente não vai convencê-lo a estar interessado em sua lista de características.

Somente a emoção pode proporcionar um gancho de marketing memorável. As pessoas esquecerão o que você disse, as pessoas esquecerão tudo o que seu produto faz, mas as pessoas nunca esquecerão como você fez elas se sentirem.

AUTENTICIDADE

Para se envolver com as pessoas como igual, você deve ser autêntico. Fingir uma emoção simplesmente não funciona, porque a maioria das pessoas pode sentir na mesma hora quando você está apenas tentando vender algo a elas.

Hoje em dia, os clientes também estão absurdamente bem informados. Graças à internet, aos smartphones e ao desejo por estar sempre certo, qualquer um pode pesquisar instantaneamente e desmascarar qualquer coisa que acredita ser uma mentira.

Isso significa que chegar com uma mensagem autêntica é mais importante do que jamais foi. Você não pode mais prometer resultados dramáticos em cinco dias. Você não pode mais anunciar a descoberta de uma nova maneira de enriquecer mais rápido. E você certamente precisa de uma estratégia melhor do que apenas dizer coisas negativas sobre sua concorrência.

De fato, qualquer tipo de venda agressiva ou negatividade pode rapidamente sair pela culatra.

Bill Neff, diretor de marketing da YETI Coolers, evita a venda agressiva e a publicidade negativa a todo custo. A YETI não fala sobre os benefícios ou características de seus coolers; em vez disso, ela se concentra nos usos do produto de *clientes reais*. Em outras palavras, ela mostra seus produtos usando histórias de pessoas autênticas utilizando seus coolers de maneiras autênticas.

Essa estratégia simples funciona muito bem.

Se a YETI usasse seu tempo listando todas as características de seus produtos, não seria diferente de um folheto. Em vez disso, compartilhar histórias de pescadores e aventureiros fornece uma conexão emocional com Prospectos e Compradores, alimentando suas próprias aspirações de se tornarem mais aventureiros e saírem mais. As pessoas adoram ouvir histórias, e é mais provável que elas estejam interessadas em um produto se souberem que outras pessoas como elas o utilizam e o adoram.

Se você pode construir uma comunidade com suas mensagens e marca, você acabou de encontrar a chave para o sucesso a longo prazo. Clientes que sentem que pertencem a um grupo ou movimento são mais propícios a convidarem amigos e familiares a participar.

Ao focar nas histórias honestas e reais de seus clientes, a YETI evita qualquer sensação de "propaganda enganosa", e os clientes, potenciais ou não, sentem-se melhor comprando com uma empresa na qual eles sabem que podem confiar.

COMPARTILHANDO SEU PROPÓSITO COMERCIAL

Em sua palestra extremamente popular no TEDx, Simon Sinek discute o poder que vem de começar com o propósito de seu negócio, ou seu "porquê", antes de compartilhar detalhes sobre seu processo ou produto.[17]

Ele continua explicando que a Apple usa essa tática quando lança qualquer produto. Ele afirma: "Se a Apple fosse como todos os outros, uma mensagem de marketing deles poderia soar assim: 'Nós fazemos ótimos computadores. Eles são maravilhosamente projetados, simples de usar e de fácil utilização. Deseja comprar um'? Não é inspirador, certo? Mas Sinek diz que é assim que a maioria das empresas se comunica. Elas começam com o produto, talvez passem ao processo e geralmente nunca chegam ao propósito. Imagino elas dizendo: "Aqui está nosso novo escritório de advocacia: temos os melhores advogados com os maiores clientes, e sempre atuamos para eles.", "Aqui está nosso novo carro: oferece uma grande quilometragem por gasolina e tem assentos de couro. Compre nosso carro".

Sinek afirma: "É assim que a Apple realmente se comunica. Em tudo o que fazemos, acreditamos em desafiar o status quo. Acreditamos em

17. Disponível em: <https://www.youtube.com/watch?v=kOC4xcCxnzg>

pensar de forma diferente. A maneira como desafiamos o status quo é fazendo nossos produtos projetados com beleza, simples de serem usados e amigáveis ao usuário. Acontece que acabamos fazendo excelentes computadores. Quer comprar um?"

Sinek descobriu brilhantemente que os melhores líderes sempre começam com seus propósitos e depois passam a compartilhar seus produtos. Depois de sua palestra ter se tornado viral, acumulando mais de quarenta milhões de visualizações, houve esta mudança cultural, pelo menos entre as startups, quando elas começaram cada financiamento coletivo e apresentação com as palavras "Nós acreditamos". É difícil dizer que começar com seu propósito é igual a ter sucesso. É claro que você ainda precisa fazer um bom produto que as pessoas queiram e se beneficiarão, mas dar contexto das suas crenças e modo de pensar aos consumidores o coloca à frente dos concorrentes.

Para se aprofundar mais neste assunto e ouvir mais sobre como formar um propósito mais significativo, eu recomendo fortemente o livro de Simon Sinek, *Comece pelo Porquê,* e seu site, startwithwhy.com (conteúdo em inglês).

O CONTEXTO EMOCIONAL DO MEIO

Quando você tiver criado a mensagem ideal, uma que você acredita que terá um impacto emocional em seus potenciais clientes, é hora de considerar como essa mensagem será entregue. Consciente ou inconscientemente, o meio pelo qual você comunica sua mensagem afeta o que os clientes vão sentir sobre sua empresa.

Quando a Apple escolheu o Super Bowl para estrear sua famosa campanha de 1984, ela sabia que era um evento carregado de emoções no qual as pessoas aguardavam com ansiedade novos anúncios na televisão e davam-lhes toda sua atenção. Isso multiplicou muito seu impacto. Se a

Apple estreasse o anúncio durante um episódio de *Who's the Boss?*[18] em uma terça-feira à noite, você acha que teria enviado a mesma mensagem?

Que tipo de impacto você quer causar quando alguém ouve falar de você pela primeira vez? Eles ouvirão sua mensagem por meio de amigos e familiares? Talvez por anúncios de rádio, outdoors, mídia social ou comerciais de TV? Sua mensagem inclui um vídeo ou uma foto atraente? Os clientes podem ver quantos de seus amigos já gostam de sua marca?

Em todos os casos, o contexto é importante.

Pelo fato de os dentistas serem alguns dos maiores assinantes de revistas hoje em dia, se você anunciar principalmente em revistas, há uma boa chance de que alguém veja seu anúncio e relacione-o com uma emoção negativa, presumindo que eles odeiam ir ao dentista tanto quanto eu.

Pense nisso: você sairia e compraria uma nova barra de cereais depois de ver um anúncio logo antes ter a boca cutucada por alguém? Provavelmente não. Especialmente se você tiver uma dor de dente.

É impossível, é claro, dar conta de cada situação, mas você pode fazer seu melhor para projetar para o contexto e, portanto, para a atenção. A maioria das pessoas, por exemplo, deixarão de rolar o feed no Facebook se virem um vídeo interessante. Elas irão assisti-lo por alguns segundos e verificar quanto tempo o vídeo tem; se você captar seu interesse, elas ou pularão o vídeo ou assistirão até o final, dependendo do comprimento e do conteúdo. As fotos no Facebook, no entanto, têm um tipo de atenção muito diferente. Uma emoção precisa ser acionada quase imediatamente para que possam "reagir" de forma real antes que as pessoas continuem descendo a página. Se a imagem ou mensagem as deixar irritadas, podem até comentar para expressar seu desagrado.

Não importa qual meio você *acha* que é melhor para sua mensagem, compreender o contexto emocional que ela carrega deve ser sua primeira prioridade.

18. *Who's the Boss?* é um seriado de TV de comédia estadunidense.

MOLDANDO MENSAGENS COM EMOÇÃO

Depois de receber a atenção de um Prospecto ou de um Comprador, lembre-se de que as palavras e a lógica que você emprega são *menos* importantes do que a mensagem emocional geral. Comerciais de empresas de cervejas mostram pessoas socializando e se divertindo muito enquanto bebem sua cerveja. Independentemente do que digam sobre o sabor, a contagem de calorias ou como a lata é bonita; a verdadeira mensagem é que beber a cerveja deles lhe trará mais amigos e aumentará seu nível de diversão.

É por isso que você só vê pessoas sorridentes nos comerciais da Disney. É por isso que os comerciais começam com um usuário frustrado em preto e branco e terminam com um usuário sorridente em cores. É por isso que a Apple se concentra nas pessoas utilizando seus produtos, não no produto em si.

Todos eles dizem: "Ei, você também pode se sentir assim!"

MENSAGENS EMOCIONALMENTE IGNORANTES

Algumas vezes, apesar de seus melhores esforços, as empresas desenvolvem mensagens fora do tom.

Lembro-me de um anúncio de 2017 para o Microsoft Surface Pro que incluía navegação pelas locações da franquia de filmes *Círculo de Fogo*. No anúncio, a localizadora demonstrava como ela utilizou modelos de três dimensões dos personagens e os colocou em fotos que ela tirou das locações, e expressava seu dilema em encontrar um espaço para aterrissar um robô de 76 metros.

No fim do anúncio, as palavras "O mais leve e mais poderoso Surface Pro de todos" apareciam na tela.

De um ponto de vista emocional, todo o conceito foi um fracasso. Ninguém, exceto talvez outros localizadores, poderia empatizar com a situação e entender como este dispositivo poderia ajudar em sua vida diária. Foi enviada a mensagem de que este era um item especializado para profissionais específicos. Mesmo os usuários profissionais comuns, como produtores musicais, fotógrafos e designers não tinham nada exceto esse uso muito específico para se relacionar.

Onde a Microsoft errou? Ela estava tão focada em apresentar seu novo dispositivo que se esqueceu completamente de considerar os resultados emocionais de seus clientes ideais. Claro, você pode traçar linhas entre as necessidades computacionais de um localizador e as de um designer, mas em vez de falar sobre o alívio que o Surface Pro trazia a profissionais ou a capacitação que ele incutia, a Microsoft destacou seu peso e seu poder computacional, esperando que os clientes tirassem suas próprias conclusões sobre como isso os beneficiaria.

Um exemplo ainda pior de ignorância emocional poderia ser uma recente campanha da Skittles intitulada "Varíola de Skittles". Nesta série, as pessoas com Varíola de Skittles têm doces presos as elas, como se tivessem uma condição de pele grotesca. Outras pessoas passam, tiram os Skittles e os comem. Quer dizer, fala sério! A Skittles está igualando seu produto a uma doença. Ninguém quer uma doença. Como eles achavam que seguir esta abordagem ajudaria a vender doces?

ETAPAS DE SERVIÇO

Cobrimos como transformar um Prospecto em um Comprador e como, com as mensagens certas, alguns Compradores podem se tornar Proprietários, mas como convencer todos os Compradores a se tornarem Proprietários e todos os Proprietários a se tornarem Participantes ou Promotores? Como já discutimos em capítulos anteriores, os clientes querem um serviço consistentemente bom quando optam por interagir com seu negócio. Para prestar um serviço assim a todo cliente enquanto também personaliza toda e qualquer interação às necessidades específicas de cada cliente, você deveria conferir uma página do manual do Ritz-Carlton.

Desde sua fundação, o Ritz-Carlton é conhecido por personificar a melhor experiência hoteleira de luxo. Para alcançar e sustentar esse padrão de serviço, eles criaram uma referência para ser usada em todos os futuros hotéis e resorts Ritz-Carlton em todo o mundo. Eles chamaram essa referência de "Etapas de Serviço", que foram concebidas como uma espécie de checklist para os funcionários usarem ao se comunicarem com os clientes. As etapas são genéricas e fáceis o suficiente para serem consistentemente seguidas, não importando quem o cliente ou o empregado seja. São flexíveis o suficiente para personalizar a cada cliente individual e suas necessidades únicas.

As três Etapas de Serviço do Ritz-Carlton são as seguintes:[19]

1. uma saudação calorosa e sincera;
2. usar o nome do hóspede. Antecipação e cumprimento das necessidades dos hóspedes; e
3. despedida carinhosa. Dê um adeus caloroso e use o nome do hóspede.

Você pode ver como essas etapas derivam diretamente do propósito da empresa de "senhoras e senhores servindo senhoras e senhores".

Quando as Apple Stores abriram pela primeira vez, o então vice-presidente sênior de varejo, Ron Johnson, queria que os funcionários do varejo da Apple tivessem o mesmo nível consistente de serviço que o Ritz-Carlton, então sua equipe criou Etapas de Serviço próprias.[20] Veja se você consegue notar as semelhanças:

1. abordar os clientes com uma recepção calorosa e personalizada;
2. sondar educadamente para entender todas as necessidades do cliente;
3. apresentar uma solução para o cliente levar para casa hoje;
4. ouvir e resolver qualquer problema ou preocupação; e
5. terminar com uma despedida carinhosa e um convite para voltar.

19. Disponível em: <http://www.ritzcarlton.com/en/about/gold-standards>
20. Carmine Gallo, "The Apple Store's Secret Sauce: 5 Steps to Making a Sale", *Inc.*, 16 de novembro de 2017.

Os funcionários da loja passam três dias aprendendo cada etapa em detalhes antes de dar seus primeiros passos na loja, onde passam outros três dias praticando as Etapas de Serviço enquanto aprendem sobre os produtos e serviços atuais.

Às vezes, essas etapas são rápidas, às vezes são extensas e às vezes têm que ser repetidas para que as necessidades do cliente sejam realmente entendidas. No entanto, não importa a duração da interação, a experiência é consistente na estrutura e apresenta natureza conversacional. O cliente sabe instintivamente o que deve esperar cada vez que entra pela porta, assim como o funcionário. Após certo tempo, essas etapas começam a se sentir menos como um checklist artificial e mais como diretrizes para os funcionários seguirem enquanto conversam com os clientes.

A fim de garantir que cada cliente individual seja plenamente atendido e tenha uma experiência consistente e pessoal cada vez que interage com seu negócio, eu recomendo veementemente a criação de suas próprias Etapas de Serviço ou que me contrate para criá-las. Elas funcionam em ambientes de apoio, de vendas e de serviço, por telefone, pessoalmente e até mesmo por chat.

DOIS LADOS DA MESMA MOEDA

Quer você empregue ou não suas próprias Etapas de Serviço, a maioria das empresas ainda deve interagir com os clientes diretamente em algum momento. Quando isso acontecer, você deve ter um plano sobre como atender às necessidades do cliente e apresentar uma solução relevante até o fim da interação. Para ilustrar abordagens muito diferentes, vamos comparar duas empresas on-line que oferecem serviços similares: a Stitch Fix e o Trunk Club.

A Stitch Fix é um serviço de modelagem on-line que coordena e entrega roupas completas à sua porta. Para receber este serviço, os clientes preenchem um perfil de moda, detalhando seus tamanhos, o quanto eles sabem sobre moda e o quão aventureiros estão dispostos a ser. A parte mais importante do perfil pergunta aos clientes sobre o tipo de visual que eles estão tentando alcançar: casual, formal, profissional etc. Os clientes, então, programam um "conserto" (o nome que a empresa dá para a roupa estilizada) a ser entregue em uma semana ou mais. A roupa geralmente chega em uma caixa com uma nota personalizada do estilista, explicando como cada peça do traje pode ser usada em conjunto ou separadamente.

Curiosamente, os estilistas não podem contatar os clientes que eles estão estilizando em tempo real. Sua relação com o cliente é mais parecida com a de correspondentes por cartas. Enquanto isso, eles estão restritos a trabalhar simplesmente a partir do perfil do cliente e de qualquer conta de mídia social, como Instagram ou Pinterest, que o cliente possa ter fornecido para ideias.

O Trunk Club segue um processo semelhante, mas muitas vezes começa a experiência do cliente com uma chamada telefônica personalizada ou mensagem de texto de seu estilista, em vez de um perfil fornecido pelo cliente. Todo o processo é conduzido ao longo do telefone, com um estilista pessoal tomando notas e unindo peças enquanto fala.

Mesmo serviço básico do Stitch Fix, com uma UX diferente e, em última instância, uma CX diferente.

Como cada empresa se certifica de que seus clientes obtenham o produto certo e se sintam bem com o processo? Como cada uma cria felicidade para os clientes com ou sem a capacidade de falar com eles em tempo real?

Cada marca tenta remover a frustração de comprar roupas, utilizando estilistas profissionais para fazer isso. *Mas uma empresa se concentra mais nas roupas, enquanto a outra se concentra na pessoa que veste a roupa.*

Sim, alguns clientes podem preferir o desprendimento e a abordagem do processo da Stitch Fix, mas apenas o Trunk Club pode identificar as preocupações dos clientes e mitigar emoções antes que a encomenda seja enviada.

Será interessante ver qual destas duas empresas prosperará mais com o tempo.

QUANDO VOCÊ PERDE O CONTROLE

Falamos muito sobre como controlar a experiência do cliente. Mas o que acontece quando você perde o controle? Nada desafia a integridade de uma empresa como a maneira como ela lida com as falhas.

Trabalho regularmente com organizações de suporte de grandes empresas e sempre prego duas regras de ouro ao lidar com clientes que tiveram uma falha no serviço.

Regra nº 1: reconheça e se alinhe com as emoções deles imediatamente.
Às vezes, o humor ajuda a fazer isso.

Um dos melhores encontros com o departamento de atendimento ao cliente aconteceu depois de eu ter ficado muito tempo esperando. O representante de serviço que finalmente atendeu minha ligação sabia que eu estava esperando há um tempo e ele fez o que pôde para aliviar o clima:

"Obrigado pela sua ligação. Agora você será colocado em espera por mais três dias".

Percebi que era uma pessoa real e não uma gravação, e comecei a rir. Claro que foi uma jogada arriscada, e ele admitiu que nem sempre conseguia reações positivas, mas quaisquer frustrações ou impaciência que eu estava sentindo antes se foram. Ele imediatamente reconheceu os longos tempos de espera, mas fez isso de uma forma que quebrou a tensão ao mesmo tempo.

Regra nº 2: defina todas as expectativas que você tem.
No capítulo dois, expliquei como a Surpresa atua como um acelerador da emoção. Isso certamente é verdade com a Raiva também. Quando os clientes são desagradavelmente surpreendidos por um determinado processo ou procedimento, eles logo pulam para a Raiva e sentem a emoção por mais tempo e com mais força. Se você avisá-los sobre possíveis obstáculos com antecedência, eles ainda podem sentir Raiva ou Tristeza, mas estão mais preparados mentalmente e as emoções negativas são mais fugazes e menos intensas.

Lembre-se de que o acelerador da Surpresa pode ser usado sempre, mesmo em uma situação tensa. Ninguém ficaria chateado com uma refeição grátis quando teve uma experiência difícil com um restaurante. Essa feliz surpresa pode até salvar o relacionamento.

QUEBRANDO A TENSÃO

Independentemente de quão envolvente ou agradável seja sua experiência projetada, alguns clientes ainda carregarão sua bagagem emocional com eles. Nesses casos, é importante ter um plano para ajudar os clientes a carregar esse peso, como usar o humor para quebrar o medo.

As companhias aéreas, por exemplo, provavelmente têm a base de clientes mais emocional. Quer os clientes odeiem voar, estejam com raiva de estar no assento do meio ou com medo, as empresas precisam ser criativas para diminuir o estresse de voar. Minha companhia aérea favorita, a Southwest, é famosa por usar o humor para aliviar o clima durante anúncios e verificações pré-voo. Na verdade, estive em vários voos em que a demonstração de segurança foi cantada, rimada e realizada usando as vozes de personagens famosos de desenhos animados.

A Southwest é uma das poucas companhias aéreas que percebe que a mensagem emocional é tão importante quanto a informação, mesmo em tempos de emergência. Imagine se, durante um voo, o comissário dissesse algo assim:

> Senhoras e senhores, o Capitão desligou o sinal de apertar o cinto de segurança. Para sua segurança contínua, nós exigimos que você fique sentado e mantenha seu cinto de segurança apertado, pois os terroristas são conhecidos por se levantarem muito, e não temos muitas outras opções para inibir o terrorismo aqui em cima.

Só de escrever isso me dá ansiedade, e estou sentado em uma escrivaninha. É claro que eles nunca diriam algo assim, porque seria irresponsável por parte da tripulação exacerbar quaisquer emoções negativas que os passageiros pudessem sentir. Em vez disso, eles nos fazem rir e deixam o clima mais leve, porque não importa para onde você esteja indo e não importa o que você sente sobre voar, a emoção se espalha — só é preciso uma pessoa de mau humor para afetar a cabine inteira.

COMPAIXÃO É A CHAVE

Eu costumo dizer às pessoas que lidar com clientes furiosos é minha coisa favorita sobre liderança. Não só eu sempre aprendo algo, mas as pessoas também ficam mais vulneráveis quando estão com raiva, e eu tenho a oportunidade de fazê-las se sentir melhor e estabelecer um melhor relacionamento com elas.

Elas só estão nesta posição porque o produto ou serviço ficou aquém de suas expectativas. Estão se sentindo enojadas ou chateadas, tristes ou temerosas.

Essas emoções não são o problema. Elas são o resultado do problema.

Não fique bravo com alguém por estar bravo. Como discutimos no capítulo um, a raiva é uma das emoções mais fáceis de transferir; a raiva de um funcionário pode rapidamente aumentar a raiva existente do cliente, e o ciclo começa de novo. Lembre-se, o cliente não está bravo com você, ele está bravo com a situação. Os funcionários devem aprender a resistir à tentação de reagir com raiva e, em vez disso, seguir com compaixão. Não com pena. Não com simpatia. Não com empatia. Com compaixão. Deixe-me explicar por que essa é uma distinção importante a ser feita:

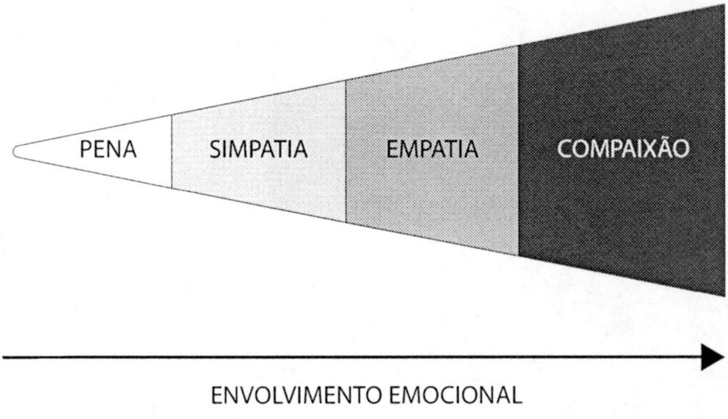

Pena apenas reconhece o sofrimento. Imagine ver alguém batendo com o dedão do pé e pensar: "Isso é uma droga". Isso é sentir pena.

Simpatia é se importar ou se preocupar com o sofrimento de alguém. É como ver alguém batendo com o dedão do pé e dizer: "Sinto muito, você está bem?"

Empatia significa compartilhar ou compreender o sentimento de sofrimento. Quando você visse alguém bater o dedão do pé, você diria:

"Eu sei como você se sente, isso já aconteceu comigo mil vezes e nunca é divertido".

Compaixão é uma continuação da empatia, mas acrescenta o desejo ativo de aliviar ou acabar com o sofrimento. Seria como dizer: "Eu sei como você se sente; isso já aconteceu comigo mil vezes. Posso lhe oferecer alguma coisa?"

Para garantir que os clientes aborrecidos sejam recebidos com compaixão sincera, as empresas deveriam: 1) contratar pessoas que gostem de resolver problemas e cuidar de pessoas; e 2) criar uma estrutura, como as Etapas de Serviço, para lidar com tais conflitos quando eles surgem.

A Apple faz isso com suas Etapas de Serviço. Ela *reconhece* a emoção e a preocupação do cliente, *alinha-se* com a emoção dele e *garante* ao cliente que há um caminho a seguir e que eles serão cuidados naquele dia. Você notou que reconhecer, alinhar e, em seguida, garantir ao cliente segue o Espectro de Engajamento Emocional?

Reconhecer a emoção e a preocupação do cliente alinha você com o cliente logicamente. Você está essencialmente dizendo: "Isto é o que eu vim a entender com base no que você me disse até agora". Alinhar com o cliente coloca vocês em sintonia emocionalmente. Mostra que você também se sentiria frustrado se a mesma coisa acontecesse com você. Assegurá-los pressupõe a compreensão acordada da situação e das emoções do cliente e fornece uma saída clara do sofrimento, tendo você como guia. Quando os clientes sentem que você compreende totalmente suas posições, eles confiam que você agirá no melhor interesse deles, e isso é uma grande onda de alívio para eles.

Talvez a pior resposta que um funcionário poderia dar a um cliente zangado — pior ainda do que responder com raiva — seria "matá-los com gentileza". Matar o cliente com gentileza é a maneira mais rápida de mostrar a ele que lhe falta empatia e compaixão para ajudá-lo ou agir no melhor interesse dele. A única coisa que você está matando com gentileza nessas situações é a relação.

TRANSFORMANDO PROPRIETÁRIOS EM PARTICIPANTES

Após os clientes se tornarem *Proprietários*, as empresas devem manter sua meta real: *criar Promotores*. Lembre-se, Promotores podem ser criados em quase qualquer estágio no processo, mas nenhuma etapa é mais fácil de criar Promotores do que a etapa Participante.

Para levar clientes da etapa Proprietário para a etapa Participante, você vai precisar tratá-los como pessoas. Eu sei... "De novo?"

Os clientes compram muitas coisas e usam produtos de outros todos os dias em tudo o que fazem. Quando eles dormem, usam travesseiros feitos por alguém. Quando cozinham, usam um forno criado por alguém. Cada produto tem uma marca por trás, e toda marca quer ter clientes leais, mesmo que ela apenas produza fornos.

A diferença entre um forno comum e um forno que os clientes adoram recomendar é como a empresa trata os clientes *depois* que eles fazem uma compra.

CONSTRUINDO UMA COMUNIDADE

Para uma empresa de fornos média, a relação essencialmente termina quando a empresa faz uma venda. Além de adicionar você a sua lista de e-mail marketing, a Companhia Mediana de Fornos não se importa em manter-se em contato com você. Ela não se importa com o que você faz ou como se sente sobre seus fornos, e muito provavelmente dificulta o contato com a empresa no caso de o forno parar de funcionar.

A Fornos Incríveis Ltda., por outro lado, acredita que a venda é apenas o primeiro passo para um fornecimento de felicidade para toda a vida por meio da alimentação. Ela quer saber o que você faz com seu forno e como você se sente quando o usa para que ela possa fazer melhores atualizações no futuro. Ela torna incrivelmente fácil entrar em contato com a empresa, para que não haja nada que o bloqueie de compartilhar seu feedback ou experiência com seu produto. Mais importante ainda, a Fornos Incríveis Ltda. o convida a compartilhar seus comentários, experiências e receitas com outros proprietários de produtos da Fornos

Incríveis, construindo uma comunidade de chefs que vão de novatos a avançados.

Acontece que sou proprietário de um forno da Fornos Incríveis Ltda. contudo, a empresa se autodenomina June.

June fez um dispositivo que é um forno de convecção, fritadeira, desidratador, grill, torradeira e aquecedor, mas, de alguma forma, reunir sete aparelhos em um não é a maior realização de June. Na minha opinião, a capacidade da empresa de construir uma comunidade é a sua melhor qualidade. Pouco depois de ter comprado minha June, fui convidado a participar de um grupo de Facebook moderado pela empresa. Aceitei cautelosamente o convite, supondo que a June apenas usaria o grupo para compartilhar anúncios disfarçados de engajamento e de referências, mas eu estava errado. Muito errado. O grupo era impulsionado, em sua maioria, por uma comunidade ativa de cozinheiros orgulhosos compartilhando suas últimas refeições feitas na June. Não importa se alguém compartilha uma boa experiência, tem uma pergunta ou traz à tona um problema, o único agente de experiência do cliente da June, Dorie, responde com incentivo e apoio. E ela é não a única. Outros donos de fornos June se oferecem para ajudar um colega cozinheiro. Como alguém que nunca se considerou um entusiasta da cozinha, sou encorajado quase todos os dias a me envolver com um grupo de estranhos e cozinhar fora da minha zona de conforto usando receitas da comunidade e diretamente da June.

A diferença de mindset entre uma empresa como a General Electric e a June é que a relação da General Electric com seu produto termina quando ele é vendido a um cliente. A June reconhece que seu relacionamento com o forno pode parar na venda, mas o relacionamento do cliente com o produto acaba de começar. Portanto, é do maior interesse da June manter contato com seus clientes para ver como estão seus fornos, o que o torna ótimo agora e o que o tornaria melhor. Simplesmente adicionar clientes à sua lista de e-mails é como um corretor de imóveis oferecendo um jornalzinho do bairro para alguém que comprou uma casa. O que fazer com um jornalzinho? Ele não vai levá-lo a desfrutar de sua nova casa por anos, mas fazer parte de uma comunidade o apresentará a seus novos vizinhos.

CRIANDO PROMOTORES

Se você fez uma pesquisa e perguntou a seus clientes como eles foram apresentados a você, as respostas deles enquadram-se em duas principais categorias: anúncios e boca a boca. As diferenças entre os dois?

- A publicidade lhe custa dinheiro. O boca a boca não custa nada;
- A publicidade deve apelar para um público geral. O boca a boca é tão personalizado quanto possível; e
- A publicidade é muitas vezes uma venda fria. O boca a boca muitas vezes vem de uma fonte confiável.

É evidente que os Promotores são seu maior truque de crescimento. Estes são clientes que já foram Prospectos, mas, em algum momento, suas vidas foram enriquecidas por seu propósito, funcionários, produto, serviço ou comunidade, e agora eles não podem deixar de compartilhar suas experiências e admiração por você com o resto do mundo.

Então, qual é o segredo para construir um negócio que todos irão amar e recomendar a seus amigos e familiares? Bem, você já sabe a resposta: emoção.

Se você quer o coração de alguém, fale com o coração. Não confie em dados e conjuntos de recursos para inspirar alguém a amar você ou seu produto. Concentre todo seu esforço na humanidade deles e no que os faz felizes; é assim que você consegue que as pessoas — tanto funcionários quanto clientes — confiem em você e o admirem para o resto de suas vidas.

CONCLUSÃO

O FIM, COM UMA DESPEDIDA CARINHOSA

Parabéns, você chegou ao fim! Como você se sente?

Você está triste por tudo ter acabado? Temeroso por não saber como prosseguir? Feliz por ter comprado o livro? Furioso porque eu continuo fazendo perguntas retóricas?

Não importa como você se sente, quero lhe agradecer pela leitura. É minha firme convicção que as pessoas, instintivamente, querem ajudar umas às outras. É por isso que seu negócio existe. É por isso que seus funcionários trabalham. É por isso que seus clientes compram. Foi por isso que escrevi este livro.

Se este livro ajudou *você*, ou se não ajudou, eu adoraria saber. Você pode me enviar um e-mail diretamente para hello@kylemk.com.

Antes de concluirmos, vamos dar um último passo atrás para admirar o poder da emoção humana.

Se nos sentimos alegres, tristes, enojados, temerosos ou zangados, não conseguimos deixar de compartilhar nossas emoções com as pessoas ao nosso redor. Mesmo quando não estamos falando, estamos conectados para transmitir como nos sentimos com nossos rostos, nossa linguagem corporal e nossas ações. As emoções permitem que pessoas de todos os tipos confiram como estão as outras, não importa o que elas falam ou se elas falam. Emoção é a razão de sobrevivermos geração após geração e continuará a ser o único fator de contribuição para o fracasso ou sucesso a longo prazo do avanço da humanidade.

Emoções, em todos os sentidos da palavra, impulsionam tudo o que fazemos. Elas nos impulsionam a resolver problemas, a correr riscos e a ajudar uns aos outros. Impulsionam todas as celebrações, todas as relações, todas as guerras e todas as hesitações. Emoções nos conduzem a começar famílias e a fazer novos amigos, a criar e a destruir. Elas motivam cada exploração e cada reclusão. Emoções nos levam a construir e a comprar, a cantar ou a parar de cantar. Conduzem nossas religiões, regras e direitos. Nos estimulam a lutar e a perdoar. Elas nos impulsionam a dançar e a namorar. Elas motivam cada líder apaixonado, pai temeroso e criança aspirante. Emoções direcionam nossas esperanças e nossos sonhos, nossas crenças e nossas tradições; todos os negócios e inovações. Elas influenciam nossos governos e nossas comunidades. Elas impulsionam e impulsionam e nunca perdem a energia. Cada avanço que já fizemos na história de nossa espécie foi impulsionado pela emoção — uma linguagem universal da qual vamos falar sempre.

AGRADECIMENTOS

Para meu pai — seu intelecto causou uma impressão única em mim e eu sou eternamente grato. Eu te amo. Obrigado por fazer de mim a pessoa que sou hoje.

Para Sara — a única pessoa que eu já encontrei com sonhos tão grandes quanto os meus. Obrigado por me escutar todas as noites lendo e relendo cada seção deste livro para ter certeza de que ele fazia sentido. Obrigado por cuidar de nós enquanto eu me concentrava no livro e no trabalho. Obrigado por manter os gatos vivos. Obrigado pelo fornecimento vitalício de Red Bull. Obrigado por sua paciência. Obrigado por tudo. É um milagre eu ter encontrado você entre oito bilhões de pessoas. Eu te amo.

Para Eric Klein — seria um grande eufemismo dizer que sua orientação e mentoria são os maiores fatores de contribuição ao meu desejo de ajudar as pessoas. Eu não posso pensar em uma melhor maneira de dizer o quanto devo a você do que dizer te devo mais que um agradecimento de livro. Obrigado.

Para Scott Shipman — nosso relacionamento está no topo da lista de coisas que eu mais prezo. Sua lealdade, gentileza e amizade são preciosas e espero continuar a ser seu amigo até 2062.

Para Allen Robertson, Cynthia e as crianças — sua família é um lembrete constante de que gentileza gera gentileza. Sara e eu somos mais do que abençoados por ter alguns dos seres humanos mais carinhosos do mundo como nossos amigos íntimos. Nós nos esforçamos para seguir seus passos e estamos felizes em ter vocês em nossas vidas. Allen, se você não me tivesse dito para ir adiante no Shake Shack, este livro não existiria. Um agradecimento especial a você por esse incentivo.

Para Adam Roberts — nunca conheci ninguém em minha vida que tivesse a capacidade de despertar tanto a paixão das pessoas. Você ouviu meus pensamentos sobre negócios, percebeu minha paixão pelas pessoas e sugeriu que eu escrevesse este livro. Se nada mais, eu lhe devo um empurrãozinho semelhante.

À minha sempre paciente equipe editorial — Coleen, por sua breve, mas cuidadosa orientação. Barbara, por organizar meus fluxos de consciência e por seu encorajamento. Marc, por me dar foco e cortar as bobagens; sua paixão pelo assunto foi inspiradora. Sheila, por dar as palavras que não consegui encontrar e por dar forma ao livro de uma maneira que me orgulharei por anos. Erin, por lidar com minha obsessiva estética de design. Mais importante, obrigado, Ellie. Eu nunca conheci alguém tão paciente quanto você. Sua habilidade sobre-humana de seguir com os contratempos e me manter no caminho certo enquanto seguia sendo positiva e sempre em contato. É algo que me lembrarei para o resto de minha vida. Você é uma joia rara, espero que você saiba disso.

Agradecimentos especiais a Samuel Mosley, Sarah Hudson, Megan Hudson, Megan Smith, Sarah Hinton, Annalise Kohrs, Justin Kirchhoff, Robert Boler, Sara Myers, Nichelle DeRubeis, Jonathon Gonzalez e Cordelia Verfaillie. Quer seu rosto esteja no livro ou você tenha me fornecido feedback e expressões quando eu estava com algum bloqueio, eu precisava de sua ajuda e vocês se esforçaram muito. Obrigado a todos.

LISTA DE LEITURA

Aqui está uma lista de livros que eu recomendo e que contribuíram para o desenvolvimento deste livro:

- *Pálido Ponto Azul* de Carl Sagan
- *Emotions Revealed* de Paul Ekman
- *Consciência Emocional* de Dalai Lama e Paul Ekman
- *Moving Toward Global Compassion* de Paul Ekman
- *The Book of Human Emotions* de Tiffany Watt Smith
- *Comece pelo Porquê* de Simon Sinek
- *O Design do Dia a Dia* de Donald Norman
- *Design Emocional* de Donald Norman
- *Be Our Guest* do Disney Institute com Theodore Kinni
- *A Pergunta Definitiva 2.0* de Fred Reichheld com Rob Markey
- *De Zero a Um* de Peter Thiel com Blake Masters
- *How Emotions Are Made* de Lisa Feldman Barrett
- *Academia Disney* de Doug Lipp

- *Negócios à Mesa* de Danny Meyer
- *The New Gold Standard* de Joseph A. Michelli

Desde o primeiro manuscrito até o último, este livro diminuiu significativamente, resultando em um conteúdo simplificado e mais focado. Dito isso, há muito conteúdo que não foi incluído no livro que eu ainda gostaria de compartilhar. Se você gostaria de ver o que não fez parte desta obra e de se aprofundar mais em *A Economia da Emoção*, sugiro que me siga no Medium (@kylemk) ou acesse blog.kylemk.com (conteúdo em inglês).